잊기전에

잊기전에

펴 낸 날 : 2007년 2월 16일 초판1쇄
지 은 이 : 장 한
펴 낸 이 : 엄 철
펴 낸 곳 : 최신의학사
서울시 중구 장충동 2가 187-30 최신빌딩 3층
TEL : (02) 2263-4723~5 FAX : (02) 2263-4726
e-mail : newmedj@korea.com
출판등록 : 1995년 8월 7일(제 2-2019호)

ISBN 89-88159-08-X

값 **17,000** 원

북 디자인_ 장 수 범

잊기전에

最新醫學社

프롤로그

이 글은 먼저 나를 키워주신 부모님이 읽어보셨으면 한다.

나는 2남 2녀 중 장남인데 내가 태어난 후 부터는 아버지 별명은 "한이 아버지"였다. 매일 "한이" "한이" 하셨다니까.

아버지는 내가 원하는 것은 무엇이든지 다 해주셨다. 내가 어렸을 때 자전거를 타고 싶다고 하면 돈이 없어 사주지는 못하고 마음 아파하시다가 여기저기 수소문하여 친구분 아들이 타지 않는 자전거를 얻어다 주셨다. 그리고 대학교수 박봉에 내가 록크라이밍을 한다고 했더니 줄이 튼튼하지 않으면 위험할 수 있다면서 학회 다녀오실 때 그 당시 우리나라에서는 귀했던 코팅된 일본제 밧줄을 사다 주셨고, 스쿠바다이빙을 한다고 했더니 빠질 위험이 있으니 구명조끼(부력 조절기)는 좋은 것을 써야 된다고 사주셨다. 조심 하라고만 하셨지 내가 좋아하는 것을 하지 말라는 말씀은 안하셨다. 마음속으로는 무척 걱정하셨을 것이다. 나는 아버지 덕분에 재벌아들 못지 않게 자랐다.

나는 어린시절 아버지와 마주 앉아 심각한 대화를 나누어 본 적이 거의 없다. 아버지는 요즘의 아빠들처럼 다정다감하게 나와 놀아준 적도 없다. 그저 마음속으로만 대화를 하였다. 그러나 나는 마음속으로 아버지의 깊은 사랑을 느낄 수 있었다.

아버지가 나에게 주신 가장 큰 것은 자식과 제자들에게 베푸는 "무조건적인 내리사랑" 하는 마음이었다. 나는 아버지와 똑같아지려고 노력하였고 비록 예의 바르게 모시지는 못했지만, 적어도 아버지의 이름을 더럽히지 않으려 노력했다. 나는 이미 84세까지 되신 아버지에게 아직도 반말이다. 존대를 하고 싶어도 아버지가 혹시 섭섭해 하실까봐 못한다. 남들 볼 때만 할 수 없이 존댓말을 쓴다.

그리고 나를 인간되게 가르쳐주신 초등학교, 중학교, 고등학교 선생님, 의과대학 교수님, 전문의를 만들어 주신 문명상 교수님, 나에게 가장 사랑을 베풀어 주신 김인 교수님!

나의 가장 친한 친구들, 가나다라순이다. 나를 항상 걱정해주는 영래, 너나 잘해라. 멋쟁이 한봉이, 나 대신 우리 아버지 아들 역할을 해준 문섭이, 유일하게 학회에서 내 뒤통수를 때리는 기용이. 언제 철이 드나. 그리고 동창들.. 가장 좋아하는 후배 종민이, 두훈이(이제는 내가 근무하는 병원의 이사장이라서 이름 부르기가 미안하지만 옛날 생각하면서)...

내가 스키를 좋아하게 만들어 주신 대명레저산업의 총괄사장님, 김경연 전무님, 이연수 부장님, 김광옥 차장님 등을 비롯한 임직원 여러분, 이춘기, 신병준, 김응하, 김동준 교수 등 스키 친구들... 환자에 대한 문제점이 생겼을 때 전화하고픈 부처님 심대무 교수, 12년 선배지만 나보다 정신연령은 어린 랩의 왕자이자 스쿠바다이버잡지 발행인 풍등영감 등 다이빙 동료...

내가 가장 사랑하는 제자 종범이, 우성이, 종우, 진연이, 종선이, 상현이, 의순이, 우진이, 영철이 그리고 나를 스승으로 생각하는 집념의 사나이 엽진섭 교수와 장성호 교수...

가장 소중한 두 아들 수범, 수혁.

그리고 나를 거쳐간 여자들(?)이 이 글을 읽고 "나"라는 인간을 이해해 주었으면 한다.

잊기전에

가톨릭의과대학 6년, 인턴 1년, 정형외과 레지던트 4년, 의학석사 2년, 군대 3년, 의학박사 3년, 가톨릭 의대 교수로서 전임강사 3년, 외국유학 2년, 조교수 4년, 부교수 5년, 정교수 3년. 1972년 대학입학부터 대전선병원으로 옮기기 위해 사직 한 것이 2002년 2월 28일이니까 만으로 꼭 30년 내 인생의 가장 중요한 시기를 가톨릭의과대학에서 젊음과 열정을 바쳤다. 그리고 대전에 온지 벌써 5년이 되었다. 너무나도 바쁘고 중요한 시기였기에 지내오면서 쉽게 잊혀진 많은 에피소드가 있다. 언뜻언뜻 생각나고, 술 마실 땐 학생 때 재미있던 교수님 이야기로 시간 가는 줄 모르고, 통상 남자들이 술좌석이면 꼭 나오는 군대이야기, 의사생활하면서 문득문득 생각나는 재미난 사건비화, 지금까지 살아오면서 있었던 여러가지 사소한 일들을 잊기 전에 써놔야 하겠다는 마음이 들었다. 내 인생의 전부이니까. 그냥 가벼운 마음으로 읽어 주시고 장한이와 함께 술 한잔 하면서 이야기 하고 있다고 생각하면 된다.

이 글을 쓰고 옛날 사진들을 정리하고, 책을 쓴다니까 한 친구 말이 "벌써 죽을 때가 됐냐?" 하는 것이다. "모르지?" "그렇지만 그냥 쓰고 싶고 누구에게 이야기 하고 싶은 걸..."

정말 죽을 때가 됐나? 말이 씨가 되지. 그러나 너무나도 아름다운 세상이기에 좋은 사람들과 오래오래 즐겁게 살 것이다.

추 : 등장인물을 가명으로 쓰려다가 보니 글이 이상해지고 또 나쁜 일도 아니고 그분들의 명예에 조금도 누를 끼치는 것이 아니라고 생각되기 때문에 함께 추억을 나눌 수 있다는 생각에서 본명을 썼다. 등장하시는 분들은 이해해 주시길 바란다.

장 한

잊기전에

차례

잊기전에

교수님

장 한

교수님

나를 키워주신 훌륭한 분들

내가 1972년도 가톨릭의과대학에 입학을 했을 때 경운동에 있는 캠퍼스는 보잘 것 없었어도 그 당시 우리 대학의 교수진은 여느 대학보다도 더 나았으면 나았지 조금도 뒤지지 않았다. 정말 훌륭하고 권위가 철철 넘치는 교수님들이셨다. 감히 가까이서 얼굴을 들지 못하고 복도에서 지나칠 때는 벽 옆에 붙어 서서 인사를 드리고, 앞에 가실 때에는 혹시나 스승의 그림자를 밟을까봐 멀찌감치 뒤에서 천천히 쫓아가곤 했다.

1학년 때의 일이다. 1학기 중간고사를 보는데 물리학 시험 종료시간이 지난 후 조교 선생님께서 "시험지 걷어." 했는데 앞의 친구에게 "야! 6번 답이 뭐니?" 물어봐서 쓰는 순간 조교 선생님이 뛰어오시고는 내 답안지를 확 낚아 채더니 찢어 버리시는 것이었다. '이제는 꼼짝없이 1년 낙제구나!' 야단이 났다. 의과대학은 한과목이 60점 미만이면 전과목을 1년 다시 해야 했다. 중간고사가 빵점이면 학기말 고사를 100점 맞더라도 50점이다. 50점이라면 재시험 볼 자격이 없기 때문에 자동 낙제된다. 부모님께 말씀도 못 드리고 며칠 동안 끙끙 앓았다.

그러던 어느날 대한극장 앞에 보리수 다방이라는 곳에서

고등학교 친구들과 커피를 마시고 있는데 저쪽에 그 물리학 조교 선생님이 여자분과 함께 계시는 것이 아닌가. 나를 알아보시더니 손짓을 해서 오라는 것이었다. 도살장에 끌려가는 소처럼 갔다. 앉으라고 하시더니 "자네 지난번 컨닝하다 나에게 걸렸었지?" 알아보시면서 "내가 부탁이 하나 있는데 들어줄래?" 하시는 것이었다.

이 시점에 내가 생각할 것이 무엇이 있겠는가? "말씀만 하십시오!" "내 여자친구인데 이 친구 여동생이 오늘 저녁 대학 축제가 있는데 파트너가 되 줄 수 있겠는가?" 하시는 것이 아닌가. 선약은 있었지만 "여부가 있겠습니까? 가야지요." 그날 저녁 소개를 받아서 둘이 축제에 갔다. 물론 공주같이 극진히 모셨고 맛있는 것 다 사주고 집에까지 택시로 모셔드리고 "즐거웠습니다." 인사까지 공손히 하고 집에 왔다. 내 타입은 아니었지만... 이제 난 살았구나! 어쨌든 학기말 시험 물리학 종합 점수가 50점이 나와서 재시험 볼 자격이 주어졌다. 간신히 60점을 넘겨서 2학년에 올라갈 수 있었다. 나중에 그 조교 선생님과 친해져서 함께 산행도 하곤 했다.

제일 무서웠던 교수님은 우리 학장님. 병리학의 김영제 교수님이셨다. 강의시간에 숨도 제대로 못 쉬고 고개도 못 들었다. 어느날 여학생 하나가 빨간옷을 입고 강의에 들어왔는데 교수님께서 "여기가 술집인 줄 아는가? 화냥년같이 빨간색 옷을 입고 강의실에 들어오다니 당장 나가지 못할까?" 호통을 치셔서 그 여학생은 울면서 나갈 수 밖에 없었고 아마도 평생 다시는 빨간색 옷을 안 입었을 것이다. 요새 같으면 상상도 못할 일이다. 그리고 전해내려 오는 야마(선배들에게 받은 의과대학에서 통상 자주 나오는 시험문제나 요령 등을 이야기 한다)가 병리학 시험에는 암에 대해 육종(sarcoma)과 상피종

(carcinoma) 문제가 항상 나오는데 다른 것은 다 맞게 써도 이 한 문제를 바꿔 쓰면 무조건 낙제라는 것이다. 알면서도 혹시나 싶어서 답안을 책상 바닥에 써 놓고 문제지를 받으면 그 문제부터 답을 보면서 확실하게 써 놓고 난 다음에 책상 바닥을 지우고 다른 문제를 풀었었다.

해부학의 권흥식 교수님은 강의 첫날이 제일 기억난다. 교수님 들어오시기 전에 하얀 가운 입은 조교들이 한 10명쯤 무표정으로 미리 강의실로 들어오더니 우리를 뺑 둘러싸고 출석을 부른 후 몸집이 크고 우락 부락 무섭게 생기신 교수님이 두개골을 옆에 끼고 뚜벅뚜벅 걸어 들어오시는데 그 위엄이란 정말 대단하셨다.

교수님 발음 중에 특이한 것은 "푸로께쑤쑤 바자이날리스" 라고 항상 하셨는데 라틴어인지 잘 모르겠지만 영어로는 "바자이날 프로세스"라는 두개골에 있는 조그만 돌기를 말한다. 처음에는 강의를 알아듣기 힘들었는데 바로 익숙해졌다. 낙제가 너무 가혹하니까.

또 생각나는, 정말로 박식하시고 모르는 것이 없으신 것 같은 이명섭 교수님. 처음 우리 대학에 해부학 교수로 오셨다가 우리에게는 해부학 대신에 독일어, 라틴어, 의학윤리, 의사학을 가르치셨다.

처음 강의실에 들어오실 때 생각이 난다. 몸집이 아주 작은 새까만 시골 노인 같으신 분이 양복 바지에 옛날 고무신을 신고 네모다란 천으로 싸진 보따리를 들고 들어오시더니 교단에서서 탁자에 보따리를 놓고 조심스럽게 푸시는데 책이 들어 있었다. 비올 때는 항상 비닐우산을 쓰고 바지를 무릎까지 걷어 올리고 책보따리를 들고 오시다가 항상 수위가 "이것 보시오. 어디 가시오?" 하다가 알아보고는 "아이고, 교수님 죄송합니다." 하곤 했다.

그리고 주머니에서 조그만 보따리를 꺼내시더니 푸시는데 시계였다. 무거워서 차지 않으시고 주머니에 넣고 다니신다고 하셨다. 그 너무나도 특이한 인상에 학생들이 키득거리자 정색을 하시곤 특유의 억양으로 "자네들이 나를 우습게 보는 것과 같이 나도 자네들을 우습게 보는 바이다." 한마디 하셨다. 강의를 시작하시는데 정말 명 강의셨고 너무나도 재미있게 강의를 하셨다. 그 이후 아무도 웃지를 않았고 그 권위에 머리를 숙일 수 밖에 없었다. 그 당시 방송에서 유명하신 양모박사를 무식하다고 우습게 아시고 교수가 코미디언 같이 방송에 나와서 웃기는 것을 비하하셨다. 교수님 강의는 우리가 따라가기에는 너무 어려웠지만 시험 점수는 요령만 알면 70점 이상이었다.

나는 1,2학년 때 교수님이 가르치신 독일어, 라틴어 시험 문제는 항상 주관식만 3문제였는데 문제 자체를 이해할 수가 없었다. 그래서 답은 2년 동안 똑같았다. 역시 선배에게 야마를 받았는데 독일어, 라틴어 시험은 빈칸을 남기지 말고 아는 단어며 der, des, dem, den, die, der, der, die, das, des, dem, das, 무조건 꽉 채우고 제일 늦게 내면 된다는 것이다. 아무것도 몰라서 또 시간이 지루해서 먼저 답안지를 제출하면 앞에 낸 3명의 답안지는 따로 처리되고 무조건 재시험에 걸린단다. 악착같이 버텨서 늦게 내는 것이 관건이었다. 답안지를 늦게 낸 학생들은 대부분 70점이 넘었는데 어떻게 높은 점수를 받았는지 이해가 안 되었다. 나중에 들리는 풍문이 어차피 정답을 쓴 사람은 하나도 없으니까 답안지를 놓고 선풍기를 틀어서 제일 멀리 나가는 사람이 가장 높은 점수를 받았다고 하는데... 믿거나 말거나!

그 외 무섭고도 인자하신 정형외과 노약우 교수님! 내가 인턴 때 교수님께서 회진을 도는데 전공의 1년차는 아침마다 병실을 정돈하고 환자의 팔, 다리에 감은 탄력붕대를 1/2씩 접히게 가지런히 깨끗이 새로 감아야 했는데 바빠서 한 환자의 붕대를 제대로 감지 못했다. 교수님이 지휘봉 같은 것으로 전공의 배를 꾹 찌르면서 "일도 제대로 못하는 이 쥐새끼 같은 놈" 호통치셨다. 회진 끝난 후 상처 받은 전공의가 "나를 쥐새끼 같은 놈이래요." 훌쩍거리던 것이 기억난다. 하지만 그 전공의 생일날은 기억하셔서 생일날 저녁에 맥주 두병을 들고 전공의 방에 들어오시면서 "자네 귀 빠진 날이지? 맥주나 한잔 하세." 하셨다.

흉부외과 이홍균 교수님. 교수님께서 수술하고 계시는데 현재 척추 수술의 대가 H교수가 임상실습 학생 때 다리가 아프다고 뒤의 의자에 살짝 걸터앉았다가 교수님이 발로 정강이를 치면서 "이놈 당장 나가지 못할까? 여기가 어디라고 앉아 있나?" 하고 호통을 치시면서 쫓아낸 적이 있다. 가톨릭의대 H교수 기억나나?

애석하게도 아웅산에서 돌아가신 멋쟁이 내과 민병석 교수님, 젠틀하고 발음이 너무 좋으신 방사선과 박용휘 교수님, 한 번도 웃으시는 것을 못 뵌 무서운 신경외과 송진언 교수님, 다소 정치적이면서도 행정력이 뛰어나시고 수술도 잘하시는 일반외과 이용각 교수님. 내가 정형외과 2년차 때 강남성모병원이 개원하면서 명동성모와 강남성모 둘로 나뉘었다. 그때 이용각 교수님이 명동성모병원 원장님으로 계셨는데 그 당시 병원 입원 환자수가 갑자기 반으로 줄어들었다. 정형외과는 그 당시 마음만 먹으면 얼마든지 환자를 늘릴 수가 있었다.

이용각 교수님의 특명을 받은 후 성모병원 400병상 중 정형외과가 60병상 정도였던 것이 150병상까지 늘어나게 되었다. 정말 눈코 뜰새 없이 바빴다.

어느날 교수님이 수술실에 들어오셨는데 수술실 간호사들이 회의 중이었다. 교수님이 지나가시다가 간호사들에게 "이것 보시오, 지금 정형외과 전공의들은 지금 무지하게 힘드니까, 아무리 선생들이 화를 내더라도 다 받아주어야 해!" 하시는 것이었다. 우리들 들으라고 큰 소리로...

그리고 내 스승이신 정형외과 문명상 교수님.

교수님 강의도 아주 특이했다. 전공의가 몇 명 따라 들어와서 4년차 선생님이 일단 칠판에 강의 내용을 새까맣게 쓰는데, 정작 교수님은 다른 내용을 강의하신다. 처음에는 노트 반쪽씩 칠판과 교수님 강의를 받아 적었는데 너무 빨리 하셔서 두 명이 나누어서 한명은 칠판 것을 적고 또 한명은 교수님 말씀을 적었었다.

그리고 시험은 기술형 100문제로 시간은 무제한, 책도 봐도 되는데 어디에 있는지 어차피 모르니까 볼 필요도 없고 볼 시간도 없다. 한 3시간 쉬지 않고 열심히 답안을 쓰면 한 70점 정도가 된다. 나중에는 지겨워서 "에이 그만 쓰자." 해도 다행스레 점수는 잘 나오곤 했다.

3년차 때의 일이다. 전임강사 이선생님이 담당이신 7살 정도 환자의 트리거썸(용수지증)이라는 병의 수술을 조수해야 했다. 원래는 내 담당이 아닌데 다른 3년차 선생이 대학원 시험이 있어서 갑자기 대신 들어가 달라고 했다. 들어가보니 이미 마취가 끝나고 1년차가 소독포를 다 깔아 놓은 상태였다. 환자의 엄지손가락을 확인했더니 관절이 꼬부라져 있었다. 1cm만 절제하고 건막을 절개하고 5분이면 끝나는 수술이었다. 이선생님께서 수술을 끝내고 나가신 후 마취를 깨우고 있는데 갑자기 1년차가 "선생님! 수술한 손이 바뀌었는데요." 하는 것이었다.

"야! 임마! 손이 바뀌긴 왜 바꿔? 분명이 병변이 있었잖아." 그러나 환자 보호자는 오른손 수술만을 원했다는 것이다. 즉시 마취를 다시 하고 이선생님께 말씀드려 오른손 수술을 다시 했다. 마취가 다 깨고 난 다음에 환자를 확인하고 수술실 밖에 나갔더니 보호자들이 난리가 난 것이다. 손을 바꿔 수술했다고. 내가 "병변이 반대쪽에도 있었고 이것은 별 수술이 아니고 피부상처도 거의 남지 않기 때문에 앞으로도 아무 문제가 없습니다." 라고 설명을 했음에도 불구하고 그 다음날 아침 조선일보 신문에 대문짝만하게 환자 얼굴과 손이 나오면서 마치 대단한 일이라도 일어난 양 '손을 바꿔 수술하다' 보도가 나온 것이다. 그날 아침 병원에 우리나라에 있는 신문기자란 신문기자, TV 방송기자들은 다 온 것 같았다. 취재를 위해 약 30명 정도는 족히 되는 것 같은데 강남성모병원 정형외과 의국을 완전히 점거했다. 그 당시 기사거리가 없었는지?

문교수님을 모시고 회진을 돌고 있는데 기자들이 한 20m 뒤에서 교수님께 큰 소리로 어떻게 된 거냐고 무례하게 따지는 것이었다. 수술을 이선생님이 했는데 교수님이 과장님이셨으니까 과장님이 의국에서 기자들에게 이미 충분히 설명을 하고 회진 돌러 나오시던 것이었다.

참다 못한 교수님께서 회진을 돌다 말고 갑자기 뒤를 돌더니 가운을 확 벗어 던지시면서 환자, 보호자들이 있는 병실에서 "이 X같은 새끼들아!" 하고 기자들에게 호통을 치시더니 마치 싸움이라도 하듯이 뛰어가시는 것이 아닌가. 우리 스텝 선생님들과 전공의들은 놀래서 교수님 다리를 잡고 "교수님! 참으십시오." 하며 간신히 말렸다. 평소 너무나 젠틀한 분이시지만, 양 손에 문제가 있었던 것 등 속사정은 제외하고 '손을 바꿔 수술하다' 라는 자극적 제목의, 비난일색의 기자들에게 벌컥하신 것이다. 터프하신 교수님이셨다.

내가 환자와 보호자들을 만나서 붕대를 풀고 "이 상처를 보시오. 어디 수술했는지 알겠소?" 그리고 환자에게 손가락 움직여 보라고 해서 양손 다 정상인 것을 확인 시켰더니 보호자들이 나에게 "물의를 일으켜서 죄송합니다." 해서 사건이 끝났다. 그래도 나는 제1조수로서 교수님께 너무 폐를 끼친 것 같아 문교수님과 김인 교수님께 사표를 제출했다.

"일을 저질렀으니 사표를 내고 군대 갔다 와서 전공의를 다시 하겠습니다." 말씀드렸더니 교수님께서 "장선생은 조수였는데 무슨 잘못이 있어요?" 하시면서 사표 수리를 하지 않고 "본인이 원하면 강남성모에서 명동성모 병원으로 병원을 바꾸세요." 하셔서 그 다음날 명동성모병원으로 근무지를 바꾸게 되었다.

교수님은 현재 75세의 연세에도 불구하고 대전 선병원 회장님으로 계시면서 새벽같이 출근하셔서 제자들을 지도하시고 현재, 아시아 태평양 정형외과학회 회장님이시다. 아직도 누구보다도 책을 많이 읽으시고 정형외과뿐만 아니라 다방면으로 모르는 것이 없으시다. 그리고 젊은 사람보다도 더 앞서가는 현대적인 감각을 가지고 계신다.

나는 논문을 쓰다가 갑자기 막히는 부분이 있으면 슬쩍 교수님께 "교수님! 이런 것은 어떻습니까?" 하고 여쭈어 보면 "그것은 어떠어떠하고 어떤 책을 찾으면 잘 나와 있습니다." 하시면서 직접 찾아서 복사까지 손수 해 주신다.

나는 내 제자들에게 "문교수님은 백년에 한번 나올까 말까 하는 천재이시다. 곁에 모시고 있는 것을 영광으로 생각하라." 고 이야기 한다.

전공의 시절

전공의 시절

첩의 아들, 수범

아마도 내 평생에 가장 어려웠던 때가 아닌가 싶다. 요사이 전공의들에게는 "야! 우리 때는 이랬어." 해봐야 소용도 없고 이해도 못한다. 고년차들은 저년차에게 또 똑 같은 말을 하고 몇 년이 흘러서 이 사람들이 나이가 들면 또 밑에 사람들에게 같은 말을 하게 되지 않겠나 싶다. 결국 자기 때가 가장 힘든 것이다. 잠도 못 자고, 사람 대접 못 받고, 일은 죽도록 해도 표시는 안나고 욕만 먹고 하는 것이 전공의의 생활이다.

전공의 1년차 때의 일이다. 집에는 거의 일주일에 한번 갈까 말까 하고, 인턴 할 때 나은 큰애 수범이 얼굴 한번 보기도 힘들었다. 별로 안아 보지도 못하고, 안아주려고 하면 아버지 인줄 모르고 울고, 정신 못 차리게 일하고 있던 중 어느날 주말에 늦게 집에 들어갔는데 와이프가 울고 있는 것이었다. 왜 그러냐고 했더니 말도 안하고 해서 간신히 달래서 알아본 즉슨, 역삼동에 아파트를 처음 분양 받았는데 그때 전화 있는 집이 우리집밖에 없었다. 의사라고 특별히 전화국에 부탁을 했기 때문이다. 복도식이라서 와이프나 애들끼리 친하고 우리집에 전화 쓰러 놀러 오곤 했는데 어느날 갑자기 발이 끊기면서 우리 애가 가장 친한 운영이라는 옆집 애하고 놀고 있을 때마다 그 아이 할머니가 운영이를 탁 채가지고 집에 데리고 들어가 우리애와 못 놀게 했다는 것이다. 그러던 중 장모님이 우리 집에 오시는데 옆집 할머니가 궁금증이 극에 달해서 "아니 이 집은 뭐하는 집이요? 남편은 보이지 않고 가끔 나이드신 남자분(우리 아버지)이 일주일에 한번씩 오시는데 혹시 첩 아닙니까?" 하시더란다.

그래서 장모님이 "그분은 할아버지이고 이집 남편은 전공의이기 때문에 주말에 밤늦게 왔다가 새벽에 나가니까 그렇습니다." 하고 오해를 풀어드렸다. 그날로 나는 아파트를 다 돌아다니면서 "제가 수범이 아빠입니다. 잘 부탁드립니다." 집집마다 인사드렸다.

전공의 시절

“나 김인이에요”

우리 제자들은 술좌석에서 만나면 항상 정형외과 김인 교수님과 함께 했던 기억들을 이야기 하곤 한다.

일 할 때는 너무 무서워서 지나가시면 찬바람이 휙 불 정도이나 사적으로는 말도 못할 정도로 다정다감하고 장난을 좋아하셨다. 아깝게도 일찍 돌아가셨는데 그래도 아마 점점 사라져가는 교수로서의 권위와 존경을 모두 받고 가신 마지막 분이라 생각한다. 그때 교수님이 현재 내 나이셨는데 모든 제자들이 교수님의 그림자도 밟지 않는다는 생각을 가지고 있었으니까. 요새 같아서는 꿈도 못꾼다.

교수님 방에 들어갈 때는 노크를 하고 “들어오시오.” 하시면 고개 숙이고 들어가서 말씀드리고 뒤로 걸어 나와서 조용히 소리 나지 않게 문을 닫고 나왔다.

교수님이 외래 옆 1층 엘리베이터를 타고 올라가시면 엘리베이터 근처에만 가도 교수님이 언제 병실에 올라 가셨는지 알 수 있었다. 항상 쓰시는 강한 아라미스 스킨로션 냄새가 남아 있기 때문이었다. 냄새가 강하게 남아 있으면 바로 올라가신 것이다.

교수님은 약주를 드시더라도 저녁 10~11시 정도면 꼭 의국에 전화를 해서 별일 없나 여쭈어 보셨다. 어느날 내가 4년차 의국장으로 있을 때 군대를 다녀온 3년차와 당직하면서 마주 앉아 책을 보고 있었다. 밤 11시쯤 전화가 왔다. 3년차 선생이 전화를 받았는데 실실 웃으면서 "누구세요? 누구세요?" 하면서 나를 바꿔주지 않는 것이었다. 그래서 내가 전화받은 선생님에게 "누구세요?" 물어봤더니 "자기가 김인 교수래요, 그리고 장한 선생 바꾸래요. 근데 4년차가 장난치는 것 같아요." 하는 것이었다. 그래서 내가 전화를 뺏어서 "예, 장한입니다." 했더니 "무슨 전화를 그렇게 받나?" 하면서 딱 끊는 것이었다. 한참동안 가슴이 떨려서 "아니 선생님! 김인 교수님이 맞는 것 같은데 큰일났어요." 했다. 이 양반은 끝까지 김인 교수님이 아니라는 것이다. 그 당시 전공의들이 장난을 워낙 많이 쳤으니까 말이다.

다음날 아침 당직일지를 들고 교수님 방에 들어가서 무조건 "교수님, 어제 죄송했습니다." 했더니 씩 웃으시는게 아닌가, 진짜였구나! 의국에 올라가자마자 당직 3년차 선생한테 "진짜였어, 빨리 내려가서 교수님께 사과드려요." 했더니 "어! 아닌것 같았는데, 이거 큰일났네." 하면서 교수님 방으로 내려가는 것이었다.

제일 잘 속는 사람이 나보다 8살 위이지만 전공의 동기, 음대에서 바이올린을 전공하고 우리 대학에 다시 들어온 L선생이었다. 선생이 병실에서 일 하고 있을 때 전화해서 "나 김인이에요, 의국으로 내려오시오." 하면 "네, 네, 선생님! 내려가겠습니다." 하고 뛰어 내려온다. 우리가 웃으면 "야! 너희들 좀 고만 장난쳐라!" 한다. 이 양반은 긴지 아니지 모르면 무조건 교수님으로 생각하고 내려온다. 실수하지 않으려고...

어떤 전공의는 교수님이 전화 와서 "나 김인이에요." 했더니 당황해서 "저~ 저~ 김인입니다." 교수님께서 "어? 내가 김인인데! 누구요?" 이런 적도 있었다.

조금더 고단수의 사기는 가장 장난을 많이 친 H선생이 "나 김인이예요. 내려오시오." 의국에 있는 전공의에게 전화를 하면 "거짓말마! 다 알아. H선생, 장난치지마!" 하고 속지 않는다. 그러면 H선생 옆에 있던 S선생이 의국에 내려가서 속지 않은 전공의에게 심각하게 "야! 너 아까 왜 교수님 전화를 그렇게 받니?" "당장 김인교수님께 내려가봐!" 그러면 "아이고 장난 아니었어?" 하면서 의국으로 뛰어 내려가면 둘이 짜고 속인 것을 알게 된다.

한번은 나보다 1년 후배 S선생이 4년차 때 3년차 선생과 당직을 하고 있다 밤 11시쯤 대변이 마려워서 의국 바로 옆에 있는 화장실을 가려고 하는데 그래도 혹시 교수님 전화를 못 받을까봐 3년차 선생에게 "교수님 전화오면 바로 알려주세요." 하고 화장실을 간 사이 정말 하필이면 그때 전화가 왔다. 교수님께서 "4년차 바꾸시오." 하시니까 3년차가 "예, 알겠습니다. 죄송합니다만 잠깐만 기다리십시오." 화장실로 뛰어가서는 큰일 보고 있는 S선생에게 "빨리 나오세요. 교수님 전화입니다." 했더니 S선생은 닦지도 못하고 뛰어 나와서 전화를 받고 "네, 교수님! 4년차 S입니다."하였다. 이때는 교수님 전화를 안 받으면 그날 당직은 안 한 것으로 간주되기 때문이었다. 요사이 전공의들이 상상이나 갈까? 한

그런데 하필이면 교수님 회진이 내가 담당하는 10층에서

항상 끝나는지 참!

엘리베이터를 기다리시는 동안 시간이 남으면 의무기록지 차트를 읽어보시다 맘에 안 드시면 손으로 확 구겨 버리면서 "이게 뭐야?" 하시며 집어 던지신다. 그래도 나는 잠도 못 자고 나름대로 열심히 쓴건데!

온통 차트 내용물이 날리면서 껍데기는 알루미늄이기 때문에 10m 이상 날라간 다음 20m쯤 바닥으로 미끄러져서 복도 끝에 가야 멈춰진다.

이걸 주워야 되나 말아야 되나? 그날 이후는 "비상!"은 말할 것도 없고 "내일부터는 4년차가 의무기록 하시오." 하신다.

모든 전공의는 계엄령 풀릴 때까지 전원 당직이다. 다시 쓰는 것은 둘째 치고 동료들에게 미안해서 어쩌나... 그날 저녁 나는 4년차에게 호되게 야단 맞았다.

주로 전공의 1,2년차에 해당되는데 너무 힘들고 일이 많아서 눈코뜰새 없다. 그러다보면 환자의 중요한 피검사 소견 등을 미리 알아 놓지 못하는 경우가 종종 있다. 특히 우리 김인 교수님은 중요한 환자의 피검사 소견을 알고 있으시면서 주치 전공의를 떠 본다.

"그 환자 피검사 소견이 어떤가?" 여쭈시면 전공의 머릿속은 잠시 혼란해진다.

미처 찾아보지 못했거나 생각이 나지 않는 것이다. '슬쩍 거짓말 할 것이냐 말 것이냐, 솔직하게 말씀 드리면 나는 죽겠지?' 하고 거짓말로 "수치가 얼마입니다. 괜찮습니다." 하면 그 전공의는 4년 내내 죽은 목숨이다. 이미 알고 여쭈어 보시는 것이기 때문에 "죄송합니다, 교수님. 깜빡 잊었습니다. 바로 찾아 보겠습니다."가 정답이다.

한번 호되게 야단 맞으면 그것으로 끝나고 다음부터 그 전공의가 이야기 하는 것은 무조건 다 믿으신다. 이것도 교수님의 하나의 교육 방법이라고 생각한다. 한

교수님 생각을 하면 내 인생에 있어서 가장 영향을 많이 주신, 또 내 인생을 몽땅 바꿔 놓으신 분이 아닌가 싶다.

전공의 때는 남들은 3개월씩 다른 병원으로 돌아가면서 근무할 때 나를 어여삐 여기셔서(?) 2년차 때 1년 동안을 본원인 명동성모병원(가장 힘든 곳이고 보통 이곳에서 3개월 근무하면 지방 부속병원에서 3개월 근무를 반복하는데 지방 병원에 가면 아무래도 생활이 편하고 교수님들도 잘 해 주셨다) "지옥"에 잡아 두셨고 3년차 때 이동을 하려니 내가 봐도 헌병대장님(김진영 교수님의 별명)이 계신 대전성모병원을 갈 사람이 나밖에 없었다. 아니나 다를까 김인 교수님께서 "장선생! 미안한데 대전 가야겠어." 하시는 것이었다. 당시 1년차 갓 들어온 C선생과 고속버스 타고 대전 성모병원에 근무하기 위해 내려갈 때 마음속으로 '이제는 오히려 연옥에서 지옥으로 가는구나.' 생각했다.

그래도 전공의 시절 가장 기억에 남고 그 와중에 즐거웠던 것은 가장 고생스러웠던 "연옥과 지옥"의 생활이었다. 그 어려웠던 전공의를 마치고 군의관 3년을 야전병원에서 잔류 근무하였다.

즐거웠던 군의관 시절을 4월 30일까지 하루도 쉬지 못하고

5시까지 근무한 후 "소령 장한 제대를 명받았습니다. 충성!" 신고를 하고(당시 육사출신 안과의사 중령님이 원장이셨기 때문에 얄짤 없었다) 다음날 아침 6시에 명동성모병원으로 첫 근무를 위해 출근을 하였다. 1986년 5월 1일부로 명동성모병원에 전임강사 발령이 났는데 이때부터 김인 교수님의 "술상무 겸 가방 모찌?"가 시작되었다. 나보고 독하다고 한 사람도 있었다. 술 한잔도 못하면서 3년을 상무를 했으니까.

전임강사 3년 동안은 24시간 대기 상태였고 교수님의 퇴근을 확인한 후에야 집에 들어갔다.

나만 특별한 것은 아니었다. 내 선배들이 다 그렇게 했으니까 나도 따라서 그렇게 한 것 뿐이었다. 아마 교수님의 상무생활 3년 동안을 책으로 쓰라고 하면 몇 권은 나올 것이다.

그런데 미국 유학을 다녀오고 나니 부교수로 진급이 되었고 나도 커져서(?) 교수님의 말씀을 거역하는 일이 잦아졌다. 아침 회의시간에 교수님과 한바탕 논쟁을 하고 난 후 당시 전임강사(지금은 교수지만) "조폭" K선생이 나보고 "선생님, 제발 저 좀 살려주세요. 두 분 사이가 그러시니 아침마다 바늘방석에 앉아 있는 것 같고 도저히 숨이 막혀 견딜 수가 없습니다." 사정을 하는 것이 아닌가. "알았어." 하면서도 나는 그럴 수가 없었다. 지금은 내가 참았어야 되는데 왜 그랬을까?

결국 나는 강남 성모병원으로 전출이 됐고 그곳에서 문명상 교수님을 모시고 2년 동안 근무를 한 후 의정부 성모병원 정형외과 과장으로 발령이 났다.

강남성모에 계속 있고 싶었는데 가라면 가야지!, 그리고 조건이 좋았다. 가톨릭의대부속병원 중 3번째 직할 병원인데다 월급도 많고 과장으로 밑의 정형외과 스탭이 4명에 전공의가 연차별로 2명씩이었으니 "이제 윗분 간섭 안 받고 어디 한번

맘껏 해보자." 하는 마음으로 의정부 성모병원으로 갔다.

그런데 이게 무슨 날벼락인가! 김인 교수님께서 대한정형외과 이사장에 취임하시자마자 췌장암에 걸리신 것이다. 여의도 성모병원 스탭들의 비상근무가 시작되었다. 특히 K교수는 조교수 때 가족이 있는데도 불구하고 3개월 동안 미국 메이오크리닉과 뉴욕의 병원 교수님 병실 옆에서 시중을 들며 있었다. 미국 병원 직원들이 아들인줄 알았다고 한다. 다른 대학에서는 상상도 못할 것이다. 대학 조교수가 외국까지 쫓아가서 3개월 동안 주임교수님 병시중을 들었다는 것이 상상이 가겠는가? 우리 대학, 우리 정형외과의국에서만 가능한 일일 것이다. 나는 당시 교수님과의 관계가 소원했었기 때문에 마지막으로 교수님이 돌아가시기 전에 한번 뵙고 병시중이라도 들 생각으로 휴가를 내서 메이오크리닉이 있는 미국 로체스터에 갔다. 교수님께서 반가와 하시면서 "장선생! 웬일인가? 여기까지. 맥주나 한잔하지." 하셨다. 드릴 말씀이 없었다. 죄송한 마음밖에는... 교수님, 정말 죄송합니다. 나는 일주일 정도 모시고 있으려고 했는데 그 다음날 화학 요법을 받기 위해 뉴욕으로 가신단다. 사모님과 K교수와 차를 타고 떠나시는데 나는 그저 뒤에서 바라보면서 눈물만 흘렸다.

이것이 교수님 생전에 마지막 만남이었다.

나는 지금까지 김인 교수님만큼 약주를 좋아하시고 그렇게 쎈 분은 아직 본적이 없다. 전임강사 때 술상무를 3년을 했는데 당시 내 주량은 소주 1잔이었다.

술도 못 먹으면서 3년, 1년 360일을 모시고 다녔다. 1년에

5일은 쉬셨으니까. 일요일도 7시에 병원에 나가서 입원환자 아침 점검을 하고 교수님 방에 보고차 내려가면 벌써 와 계신다. “올라가 있게.” 하면 의국에 가 있는다. 어느날 12시가 되어도 교수님 전화가 안와서 수위실에 전화해서 교수님 나가셨는지 물어봤더니 모른단다. 그래서 모처럼 가족들과 식사하려고 전화를 해서 약속을 다 잡아 놓았더니 10분 후에 따르릉 “장선생 오늘 별일 없나?” 하면 “예, 가시죠.” 하고 집에 다시 전화해서 약속을 전부 취소 했었다.

아부하는 것이 아니라 지금까지 내 선배들이 다 그렇게 했으니까 당연히 그래야 되는 것으로 알았다.

점심 식사 하시면서 반주를 드시고 그게 저녁까지 이어져 양주 드시고 마지막으로 밤 12시 임박해서 나오시면 “장선생 출출한데 포장마차에서 국수나 하나 먹자.” 소주까지 시켜서 너무 맛있게 드신다. 그래서 혹시나 정말 맛있나 해서 “교수님 저도 한잔 주세요.” 해서 마셔봤더니 토할 것 같았다. 술은 아무리 드셔도 주사하시는 것을 못봤고 그 다음날은 어김없이 6시 30분이면 출근하신다.

교수님은 하도 깔끔하셔서 책상이나 교수실이 먼지 하나 없고 칼로 잰 것 같이 모든 것이 직각이다.

하루는 교수님과 저녁식사를 한 후 댁에 가서 “맥주나 한잔 하지.” 하셨다. 밤 12시쯤 됐는데 사모님이 술상을 봐오시는데 그 시간에 수육 한 접시, 제육 한 접시씩 가지고 오셨다. 나는 안주에 손을 댈 수가 없었다. 흐트러질까봐. 고기 썰은 것이 조금도 너덜너덜한 고기 꼬트머리가 없이 완전 직사각형으로 2열 횡대로 간격도 일정하였다.

‘아! 그렇구나.’ 교수님 방이나 책상의 정돈 상태를 이해하게 되었다.

아침에는 회의실 교수님 책상에는 그날 입퇴원 일지, 수술 일지가 정확하게 자로 잰듯이 제자리에 놓여 있어야 하고, 곽으로 된 새 마일드세븐 담배가 한가치만 올라오게 열려 있어야 한다. 그런데 밤에 준비를 해 놓으면 4년차가 그 담배를 피우고 1년차에게 밤에 새것을 사가지고 오란다. 어떤 때는 1년차가 밤새 마일드세븐 담배를 찾아 다녀야 했다. 곽으로 된 것으로!

그래도 나를 가장 좋아하셨고 항상 곁에 두셨는데 교수님 덕분에 골프도 왼손으로 치게 됐다. 교수님은 당시 드문 왼손 플레이어셨다. 나도 왼손잡이지만 오른손도 괜찮았다. 아버님이 오른손 골프채를 하나 주신다고 했는데, 군의관 2년차 때 갑자기 의국에서 호출이 왔다. '무슨 혼날 일이 있나?' 하고 바로 달려갔다. 교수님께서 새 골프채를 하나 샀는데 당신이 쓰시던 것을 주시면서 "군대 있는 동안에 골프 연습이나 하시오." 하시는 것이었다.

왼손잡이인 것을 알고 생각해서 주시는데 황송해서 내가 감히 어찌 오른손으로 골프를 치겠다고 말씀 드릴 수 있겠는가! "예! 감사합니다 교수님!" 그래서 아직까지 골프는 왼손으로 친다.

우리 동기 전후에 전공의를 했던 사람들은 술좌석에 모이기만 하면 김인 교수님의 이야기를 나누곤 한다. 왜 이리 일찍 돌아가셨는지? 계속 계셨으면 우리 의국이 어떻게 바뀌었을까? 나는 교수님 때문에 척추를 전공하게 됐고 또 경추 전문도 내 의지로 한 것은 아니다. 교수님의 지시로 하게 된 것이다.

전공의 시절

"죠스" 선생 이야기

우리나라에서 의사질을 하려면 조금 험악하게 생기고 등치도 커야 된다.

전공의 시절 내가 3년차 때 1년차 선생 중에 나보다 대학은 1년 선배이나 군대를 먼저 갔다왔기 때문에 전공의 과정은 2년 늦은 분이 있었다. 이 양반 등치가 얼마나 크고 무섭게 생겼는지(마음은 착하고 여린데) 별명이 "죠스"였다.

한번은 이 양반의 1년 선배 2년차 선생이 어떤 환자 보호자(공수부대 중령)에게 매일 같이 시달림을 당해서 견딜 수가 없었다. "죠스"가 이것을 보고 그 보호자를 석고실로 데리고 가서 30분 있다 나왔다. 어떻게 했는지는 모르지만 이후 그 보호자는 병원에 나타나지 않았고 2년차 선생에게 전화를 하더니 "그분 의사 맞아요?" 하고 물어보기만 했다. 뒷이야기는 아직도 모른다. 어떻게 했길래?

가끔은 환자들이 몸이 불편하니까 옆의 환자와 서로 싸우는 경우가 종종 있었다.

한번은 병실에서 방대 방 환자들의 패싸움이 벌어졌다. 의국에 앉아 있던 전공의들이 몽땅 올라가서 진압(?)을 하려고 하는데 "죠스"가 "잠깐만! 잠시 여기서 기다리십시오. 제가 해결하겠습니다." 하더니 10분만에 내려오면서 하는 말 "다 해결됐습니다."

전문의 시험 공부

전문의 시험 보려면 2달 전에 대부분 한 군데 호텔에서 거의 모든 대학 전공의가 함께 합숙을 한다. 우리 때는 83년도 1월에 시험을 봤는데 강남의 반도 유스호스텔에 약 150명이 모여 있었다. 그런데 우리가 공부하는 방 앞에 2층 양옥집이 있었는데 멀리서 보기에는 몸매가 아름다운 아가씨가 살고 있었다. 노출증이 있는지 항상 커튼은 활짝 열어놓고 있어서 방이 훤히 들여다 보였다. 우리는 그 여자의 일거수 일투족을 다 알게 되었다. 한번 밖에 나가려면 옷을 수없이 갈아 입고 속옷까지도... 화장대 앞에 최소 두시간 이상은 앉아 있는다. 핸드백도 이리저리 걸쳐보고 문밖에 나갔다가 어떤 때는 맘에 안들면 다시 들어와서 옷을 갈아 입고 나간다. 우리 전공의들에게는 이미 유명한 볼거리 스타가 되어 있었다. 아침이면 모두 창가에 모여 구경하는 것이다. 그런데 어느날 그 어머니가 알아차렸는지 커튼을 확 닫아버리는 것이었다. 그런데 고맙게도 그 여자는 답답한지 다시 커튼을 걷어 버렸다.

우리 동기 중에 총각 H선생, 벌써 대한척추외과 회장님이 되셨다. 바이올린을 잘 하시는 음대 출신 L선생이 그 여자가 나갈 때 H선생 보고 빨리 나가서 얼굴을 보고 오라고 하였다. "니가 맘에 들면 내가 그 집 앞에서 세레나데를 연주해줄게." 하면서. 그래서 H선생이 여자가 나가는 것을 보고 뛰어나가 미리 앞으로 가 지나치면서 얼굴을 본 후 돌아와 하는 말 "되게 못생겼어!" 하는 것이었다. 지 얼굴은 어때서?

그래도 멀리서 볼 때는 예뻤다. 100m 미인!

전문의 시험보기 2일 전 우리가 자주 다니던 룸싸롱의 아가씨에게서 전화가 왔다. 자기 생일인데 저녁을 사달라는 것이다. 킴스플랜(군대 전문의를 늘이기 위해 전문의 과정을 마친 후에 군대를 가게 하는 정부의 계획) 동기가 3명으로 각각 자기 파트너가 있었는데 3명 다같이 있으니까 함께 나오란다. 그래도 내일 모레가 전문의 시험인데 어떻게 하나? 하다가 "너 나갈래?" 했더니 노선생은 나가자고 하고 하선생은 공부해야 한다고 안 나간다고 한다. 그래도 그렇지 김인 교수님께 배운 의리가 있는데 노선생과 둘이 나가서 저녁 사주고 술한잔 하고 밤 12시에 합숙 호텔로 들어가는데 불안했다. 아무래도 우리 둘만 떨어지면 안되지 하면서 맥주를 한 박스 사가지고 아가씨 3명과 함께 호텔 공부방으로 가서 다들 집합하라고 해서 새벽 5시까지 함께 마셨다. 에이 모르겠다. 떨어지기야 하겠냐 하면서 위험한 객기는 부렸지만 운좋게 8명 붙기는 다붙었다.

전공의 시절

호남의 맹주 J 교수님

정말 순수하시고 학회에서 할 말을 다 하시는 교수님!

전공의들을 그렇게 심하게 야단 치시고 하신다지만 마음속에 깔려 있는 제자들에 대한 사랑은 느낄 수가 있다. 그렇기 때문에 이미 끝나서 밖으로 나간 제자들도 교수님이 "모여라" 하면 무조건 모이게 된단다.

한번은 기차를 함께 타고 오면서 전공의 교육 문제에 대해 말씀 나눈 적이 있다. 통상 전공의들이 실수하여 환자가 잘못되면 대부분 해당 파트의 교수님들이 모든 것을 책임진다. 교수님 말씀이 본인은 지금까지 모든 것을 내가 다 책임을 졌는데 어느 한 친구가 분명히 자기 때문에 환자가 잘못됐는데 교수님께 죄송하다는 말씀을 한번도 안 드리고 슬쩍 넘어가려 했다는 것이었다. 교수님이 몇 개월을 기다려 보았는데 역시 "싸가지가 없는 것"은 마찬가지 였다.

소송이 몇천만원 걸렸는데 보통 때는 대학병원에서 다 물어주지만 교수님께서는 그 전공의 부모님을 오시라고 해서 "당신 아들이 이러이러 잘못을 했으니 소송 비용은 부모님들이 내야 되겠습니다. 그리고 그 친구 교육은 다시 시켜야 되겠습니다." 하고 말씀드렸다고 한다.

그 다음부터 그 친구는 교수님께 찍혔다. 약간 가혹하다고 생각할지는 모르지만 나는 교수님이 옳다고 생각한다. 인간 됨됨이는 가정 교육이 가장 중요하고 그 다음은 태어난 성품인데 나이 30 정도 되는 전공의가 야단만 쳐서 될 일은 아니다. 야단쳐서 될 사람은 한두번 야단을 치면 된다.

성품이 안되는 사람은 잘못을 했을 때 한 두번 경고 후 또 잘못을 하면 "피눈물"이 나게끔 다시 이러면 나는 죽는구나 생각되도록 무서운 벌을 내려야 한다. 그래야 그 친구가 사회에 나가 나쁜 짓을 않고 그나마 올바른 의사가 될 수 있다.

우리는 환자를 다루는 사람들이기 때문에 전공의가 몰라서 못한 것, 깜박 잊어 버리고 못한 것은 용서가 되지만 거짓말하거나 태만한 것은 절대 용서 못한다.

카리스마가 있는 J교수님에 대한 재미있는(?) 일화가 또 있다. 타대학의 S교수가 환자 중에 J교수님이 계신 지방에서 온 분이 있었는데 무엇이 잘못 되었는지 거의 일년 동안을 스토커 수준으로 괴롭혔다. 하루는 학회에서 J교수님을 만나 우연히 말씀을 드렸다.

"이러이러해서 하루하루가 고통스럽습니다." 했더니 J교수님께서 그 환자 이름하고 연락처를 달라고 하셨다. 그 다음주 그 환자가 S교수를 찾아오더니 "교수님 잘못했습니다. 다시는 안 그러겠습니다." 하시더라는 것이다. J교수님께 전화해서 "교수님, 고맙습니다. 그런데 어떻게 하셨길래?" 여쭈어 봤더니 "그냥 불러다 타일렀어요." 하셨답니다.

그래서 나도 그쪽 지방에서 온 환자는 마음이 편하게 치료에 임한다.

군의관 시절

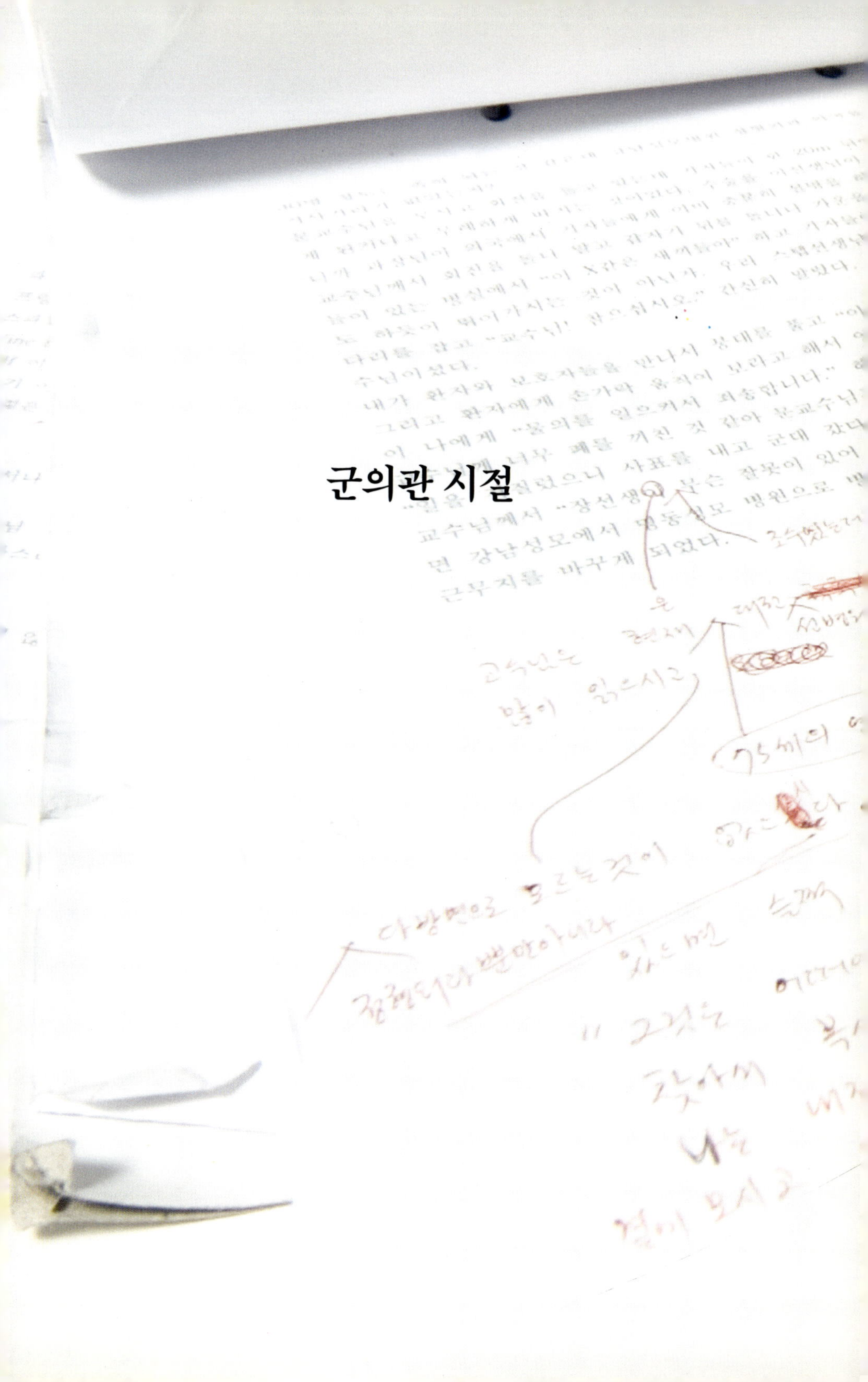

군의관 시절

군의학교

우리나라 남자들은 술좌석에서 군대 이야기만 나오면 시간 가는 줄 모르고, 군대 다녀오지 않은 사람은 슬쩍 자리를 피하게 된다. 나는 인턴, 레지던트를 다 마치고 전문의를 딴 후에 군대를 가게 됐다. 군의학교에 입소하는 날 동기 3명이 우리는 서로 떨어지지 말자고 한 내무반에 있으려고 꼭 붙어 있었다. 이것이 나의 군생활에 있어서 첫번째 큰 실수였다. 한 동기(누구나 잘 아는 대한척추학회의 유~명하신 분이지만 실명을 쓰는 것이 실례가 될 것 같아서 안 썼다)가 심하게 코고는 것을 이미 전공의 때부터 알고 있었는데 신경 쓸 겨를이 없었다.

한 내무반에 16명이 자는데 첫날 좌측 내 옆의 동기가 코를 어찌나 심하게 고는지 잘 수가 없었다. 그것도 "그르렁~ 휴~ 끅끅~ 그르렁~ 휴~" 너무 불규칙하여 호흡을 맞출 수가 없었다. 결국 잠든 것이 새벽 4시반 기상 나팔시간까지 1시간반 밖에 못 잤다.

다음날 되니까 우측에 있는 동기도 코를 고는 것이었다. 양쪽에서 쌍나팔을 부는데 어느쪽과도 호흡은 맞출 수가 없었다. 급기야 새벽 2시에 내무반 맞은편에 있는 사람들이 "야! 너무한다." 하면서 투덜거리는 소리가 들렸다.

결국 새벽 4시가 되어서 깜빡 잠이 들었다. 다음날, 두 친구에게 "야! 새끼들아, 오늘은 내가 잠들 때까지 너희는 자지 마!" 하면서 8시부터 잤다(당시는 신체검사 기간이라서 7시 이후에는 자유였다).

그 다음날 이 두 친구가 하는 말 "야! 이 새끼야, 니가 코를 너무 골아서 한잠도 못 잤어." 하면서 새벽 4시쯤 같은 내무반 맞은편에서 자고 있는 분이 "저 가톨릭의대 새끼들 코골기 내기 하나" 그랬다고 한다. 그 다음날 미안하다고 했더니 정신과 의사 한명이 "나는 당신들과 있는 3일 동안 한잠도 못 잤다." 고 하였다.

2주간 신체검사와 교육이 끝나고 삼군사관학교로 이동하기 전에 내무반이 바뀌었다. 코를 심하게 고는 그 친구가 딴 내무반으로 배치되었는데 친구 보러 그 내무반에 갔더니 그 내무반 사람 왈 "밤에 보초를 서는데 하도 코고는 소리가 시끄러워서 옆방에 갔더니 없어서 그 옆에, 또 그 옆에 갔더니 결국 맨끝 방에서 이 친구가 코를 골고 있었다."고 했다.

그런데 이 친구가 대학 전임강사가 되고 난 후 늦게 결혼을 했다. 집들이 하는 날 부인에게 남편 코고는 소리 때문에 잠을 못자지 않냐고 물었더니 의아한 눈초리로 "아뇨." 하는 것이다. 속으로 아! 이 친구가 밤에 마누라를 죽여주는구나 생각했는데 얼마전 이 친구가 느닷없이 이비인후과에서 코골이 교정수술을 했다. '이젠 이 친구도 기운이 떨어졌구만.' 하며 속으로 웃었다. 그런데 우리 H교수 언제 철드나? 한

군의학교에서 삼군사관학교로 이동하여 정식 훈련이 시작되었는데 나이 들어서 군대 생활을 하려니 참 힘들었다.

10시 취침에서 6시 기상까지를 제외하고는 잠시도 개인 시간 없이 교육, 시험이 반복되었다. 춥긴 왜 이리 춥고, 배는 왜이리 고픈지 애들 같이 먹지도 않던 카라멜을 침대 밑에 숨겨서 몰래 하나씩 꺼내 먹곤 했는데 완전히 장한 스타일 다 구겼다.

하루는 취침 점호 준비를 하는데 방을 누가 열심히 쓸고, 닦고 하는 것이었다. 그래서 나는 못 보던 사람이니까 누구 도와주려고 하나 생각했다. 청소가 다 끝난 후 그 친구가 두리번두리번 하더니 한다는 말 “어! 우리 내무반 아니잖아, 에이씨팔” 하는 것이었다. 어찌나 우습던지 정신 없이 바삐 치우다 보니 이런 일도 생겼다.

밤에 자려다 생각만 하면 웃음이 나와서 내가 “아까 그 양반 너무 웃겼지.” 했더니 우리 내무반 모두 킥킥대면서 한동안 웃음이 멈추지 않았다.

2주간 군의학교 시절, 고등학교 동기면서 가톨릭의대 피부과 친구가 매점에서 어떤 사람을 보고, “야! 26회야 인사해.” 하길래 나는 19회니까 나보다 후배라고 생각하며 등을 딱 치고 “그래, 잘 지내냐?” 그러고는 바삐 내 갈길을 갔다.

그 후, 삼군사관학교에서 6주간 훈련 후 임관하기 전에 하루 휴가를 주어서 서울에 올라와 가족들과 뷔페를 갔는데 그 사람을 우연히 만났다. 그 사람이 손을 흔들며 반가와 하길래 나도 반갑게 악수하면서 반말로 “잘 있었어?” 했다. 그리곤 그냥 또 헤어졌다. 그런데 임관 후 군의관 2년차 때 야전병원 생활하면서 하도 지겨워서 6주간 항공 군의관 훈련을 받으러 공군 항의원에 갔다. 거기서 그 사람을 다시 만난 것이다.

알고보니 26회가 가톨릭의대가 아니고 경동고등학교 26회였다. 나는 28회이니까 2년 선배인 것을... 그것도 모르고 계속 후배인줄만 알았던 것이다. 성형외과의사인데 내가 정식으로 사과하고 난 후 너무 친해졌다. 또 선배라고 얼마나 나를 챙겨주던지... 한번은 낙하산 훈련을 갔는데 막타워에서 뛰어내리는 차례가 됐는데 너무 떨려서 뛸 수가 없었다.

나도 산악반이었는데 이상하게 높아 보이고 무서웠다. 멈칫거리다 웃으면서 뛰어내렸는데 훈련대장인 공군 대위가 나를 불러 세우더니 태도가 불량하다며 야단을 쳤다. 나는 미안해서 가만 있는데 이 선배(양선생님)가 멀리 있다가 내가 야단 맞는 것을 보고 뛰어오더니 "야, 임마! 대위라도 같은 대위인줄 아냐? 새까만 놈이!" 하면서 나대신 공군대위와 싸우려고 하는 것이다. 나는 오히려 말리고 육군, 공군 패싸움이 될 뻔했다.

부대 대대장 공군 중령이 나타나서 점잖게 화해시키고 나중에 점심에는 수박까지 보내주셨다.

양선배님은 순천향대학교 성형외과 주임교수로 계시다 얼마 전에 개업하셨다. 하여튼 의리의 사나이였고 후배를 극진히 생각해주는 분인데 3번씩이나 못 알아보고 후배인줄 알았으니! 내가 뭐 알고 그랬나?

▶ 3군 사관학교 화산 유격장에서
훈련 받던 중 필자

▶ 군의학교 훈련을 마친 후 대위 임관식 때.
왼쪽에서 2번째가 필자, 오른쪽에서 2번째가 조선대 유재원 교수다.

군의관 시절

야전병원

훈련이 끝나고 의정부 근처의 국군 야전병원 정형외과 과장으로 발령이 났다. 서울이 가까워서 좋았는데 혼자 정형외과 환자를 보는 것이 너무 힘들었다. 수술, 외래, 수술, 외래 잠시도 쉴틈이 없었다. 종합병원이니까 전과가 다 있지만 군대는 대부분 외상환자가 제일 많지 않은가?

군대밥을 먹고 요령이 붙고 난 후의 일이다. 외래 보는 시간에 문을 열어보니까 환자 줄이 새까맣게 서 있는 것이다. 물론 정말 아픈 사람도 있지만 조금 쉬려고 엄살 피는 환자가 대부분이다. 몇 명보다가 거짓 시병 환자가 있으면 문을 활짝 열고 다른 환자 보는 앞에서 얼차례를 주면서 혼쭐을 낸다. 그러고 "다음 환자" 그러면 줄이 싹 줄어들고 정말 아픈 환자 10명 정도만 남는다.

군대는 군대다. 한

나는 머리 깎을 시간이 없어서 실지로는 깎기도 싫고 해서 우리 부대에서 머리가 제일 길었다. 점심 때마다 병원장 김중령님과 군의관들 모두 식사를 같이 하는데 병원장님이 "장대위는 머리가 왜 이리 기나?" 그러면 나는 "아! 원장님 바빠 죽겠는데 머리 깎을 시간이 어디 있습니까?" 하면 원장님 왈 "그럼 비뇨기과 최대위는 빵빵 놀면서 머리는 왜 안 깎어?" 하면서 화살이 애매한 사람에게 돌아가곤 했다.

매주 수요일 오후는 전투체력의 날이라고 해서 운동하던지 쉰다. 그래서 치과 2명, 마취과 대위와 함께 4명이서 소요산에 갔다. 물에다 발 담그고 소주 몇 병 마시니까 취하지도 않고 너무 좋았다. 6시쯤 되서 의정부 나가서 맥주나 한잔하지 하고 호프집에 가서 한시간 정도 있다 다 헤어졌다. 그런데 그 다음 날 아침에 원장님이 호출하셨다. "장소령 헌병대 다녀와." "왜요?" "가서 군의관 둘 찾아와."라고 말씀하셔서 헌병대를 갔다. 어제 술을 같이 먹은 치과 군의관은 다방에서 행패 부린다고 잡혀와 있었고, 마취과 군의관은 밤새 의정부 밭길을 굴러다니다 검문소에서 잡혀 왔다. 헌병대장에게 사과하고 찾아왔는데 헌병대장 왈 "저분들 의사 맞아요?" "죄송합니다."

마취과 선생님은 나중에 미국 유학 가서 우연히 만나게 되었고 5명이 맥주를 마시러 갔는데 술을 전혀 입에 대지 않길래 이상해서 "아니, 술 끊었어?" 물었더니 교회 집사님이 되셔서 술 끊은지 5년이 넘었다고 한다. 그래서 내가 "잘했어, 안 그랬으면 아마 당신 어디서 변사체로 발견 됐을거야." 했다.

의사질

의사질

의사가 되기까지

내가 의과대학 1학년 처음 입학했을 때는 89명을 뽑았는데 위에서 20명 정도가 낙제되어 내려왔다. 정말 살벌했다. 거의 다가 한 과목 낙제이거나 결석 오버였다. 여학생이 11명이었는데 6년 동안 항상 서로 존댓말을 했다. 너무 순진했던 우리 과 여학생 하나가 생물학 시간에 교수님이 페니스 강의를 하시는데, 뒤를 돌아보면서 다른 여학생에게 "야, 페니스가 뭐니?" 물었다. 뒤의 여학생이 "나도 모르겠는데... 처음 듣는 말이야." 하는 것이다. 헌데 나는 그들이 정말 모르는지가 왜그리 궁금했는지...

지금은 다들 나이가 50줄이 넘어 우리 19회 동기 웹사이트를 만들었는데 주로 개업가에 있는 선생들은 채팅방에서 살고 남녀 구분없이 이제는 서로 반말이다. 얼마 전 동기회를 했는데 40명이 넘게 나왔으니 어느 기보다 자주 만난다고 할 수 있다. 번개팅이란 것도 하면 한번에 보통 열댓명이 나오고, 외국에서 살고 있는 동기가 오면 시간이 있는 사람은 다 나가서 함께 술 한잔 하면서 옛날이야기를 한다. 우리 대학 19회 동기들이 다시 모이게 된 것은 웹사이트를 만든 하기용 교수, 정익종

방장님, 총무 이경수 원장, 만인의 연인 연세대학 정형외과 박희완 교수님의 사모님이 되신 인간 좋은 우리 한경희 회장님 덕분이다.

본과 3,4학년 때는 임상 과목을 배우는데 과목만 24과목이다. 타대학 친구들은 11월말이면 다 종강을 하는데 우리는 12월 10일경 종강을 해서 24과목을 시험을 보니까 1월 5일경에 끝난다. 크리스마스고 연말 연시고 없었다.

시험보는 데는 이력이 났다. 중간고사, 학기말고사, 또 중간고사, 연말고사, 중간중간에 땡시험(현미경이나 해부 실기시험), 종이 쪽지로 간단 간단하게 수시로 보는 퀴즈, 졸업시험, 의사국가고시, 인턴시험, 전공의 들어갈 때 시험, 전문의 자격시험, 군의학교 들어가서 매강의, 실습 때마다 시험, 석사, 박사 입학, 중간중간 시험, 졸업 시험, 유학시험까지 35살 때까지 시험을 봤다.

이렇게 어렵게 전문의가 되어서도 유학 돌아올 때까지는 부모님의 경제적 도움을 받았어야 했으니 와이프한테 체면이 서질 않았다. 그 이후 대학교수가 되었어도 월급은 쥐꼬리만 하고 그다지 명예도 없고 환자들은 그렇게 존경하지도 않는 것 같고, 정말 사명감 없이는 의사 생활을 할 수 없었다. 그리고 대학교수 17년만에 애들이 커서 대학가고 유학을 보내니 교육비가 도저히 감당이 안되서 버티고 버티다 천직이라고 생각했던 대학을 떠날 수 밖에 없었다. 경제적으로 자기 조상 잘못 만나면 남의 조상이라도 잘 만나야지 교수 생활을 할 수 있다. 우리나라에서는 어느 한쪽 집안의 도움 없이는 의과대학 교수생활은 불가능하다.

얼마 전 신문에 학생들이 선호하는 10대 직업이 나왔는데 한의사가 1위이고 중간에 치과의사, 수의사는 있는데 일반의사는 10위권 안에 들지도 못했다.

더군다나 요새는 어떤 의과대학이라 할지라도 전교에서 1, 2등 하지 않으면 못 들어오는데 이 똑똑한 사람들이 어렵게 의과대학을 졸업해서 전문과목을 선택할 때 일반외과, 흉부외과 등 힘든 과목은 전공하려 하지 않고, 비교적 쉬운 것을 택하려 하는데다, 어려운 과목을 택해 성취감은 있을지언정, 대가가 크지 못한 현 추세를 보아선, 몇 년 지나면 우리 국민들은 맹장수술을 하러 다른 나라에 가서 하던지 일반외과 의사들을 수입해야 할 지 모른다.

요사이 들어보니 개 분만하는 데는 보통 10만원 이상 들고 사람 분만은 보험으로 3만원 정도 든다나? 개 아파서 입원하면 보험이 안되어 부르는 것이 값이다. 며칠 입원하면 백만원이 훌쩍 넘어간단다. 개만도 못한(?) 세상에 살고 있는 것일까?

그리고 좋게 생각하면 양의사를 너무 믿어서인가? 한의사, 수의사는 소송이 별로 없는데 양의사들은 조금만 잘못하면 소송 당하기 일쑤고 몇 년 동안 고생한 것 다 물어주어야 한다. 그러니 폐업하는 병의원이 많을 수 밖에! 며칠 전 공영방송에 현대의술의 발달로 평균 수명이 79세(여자는 80세 이상)가 되었다고 방영되었다. 공해도 많고 발암물질 뿐만 아니라 안전사고, 교통사고 등 사회환경은 그렇게 열악해졌는데 왜 평균 수명은 늘까? 국민들은 그 이유를 알까? 허준이나 대장금을 비하하는 것은 아니지만 이분들이 계시던 조선시대에 우리나라 왕들의 평균 수명은 얼마였던가. 또 생후 백일 살면 이제는 살겠다고 백일잔치 해주고, 60세까지 살면 환갑잔치 해 주지 않았는가? 내가 대학교 때까지만 해도 60세 넘어서 돌아가시면 호상이라고 했다. 요사이는 80에 돌아가셔도 아쉬워 애도 한다.

결국 항생제의 발견, 수술 기술의 발달, 항암제, 방사선 치료, 일부 암의 정복 등 서양의학의 발달 때문이 아닌가? 그러나 외래 환자를 보다 보면 거의 100% 한방을 먼저 들렸다 온다. 한방도 많은 장점이 있고 신비로운 것도 있지만 조금 더 일찍 병원에 왔으면 좋았을 걸 하는 느낌을 받는 경우가 점점 많아진다. 우리나라 사람처럼 귀가 얇은 국민도 드물 것이다. 무엇이 좋다 하면 빼곡히 줄을 서고 어디든지 달려간다. 특히 건강 문제는 말할 것도 없다.

어쨌든 의사 생활을 할만큼 하고 빨리 끝내고 싶은데 딴 능력은 없고 배운 것이 이것밖에 없으니 애들 때문에라도 그만 둘 수도 없고 지금 53살이니까 앞으로 5년 이내에 의사질을 그만 둘 수 있으면 내 인생의 성공이 아닐까 싶다.

일반 국민이나 환자들이 의사들의 현주소를 이해할까?

내가 왜 빨리 의사질을 그만두고 싶어 하는지도?

> 재벌 오나시스가 피카소에게 300만불을줄 테니 내 앞에서 그림 하나 그려 달라고 부탁을 했다. 피카소가 화실에 들어가더니 5분도 채 안되서 그림 한장을 가지고 나왔다. 백지에 점 하나 찍힌 것이다. 오나시스가 "아니, 내가 300만불을 벌려면 얼마나 오랫동안 일을 하고 투자해야 하는데 이점 하나가 300만불이냐?"고 따졌다. 그러자 피카소가 말했다. "나는 이 점 하나를 찍기 위해 평생을 바쳤습니다."

의사도 전공의, fellow(전임의)까지 해서 개업 혹은 대학 전임강사 발령 받을 때까지 최소한 35살까지는 부모의 경제적

도움을 받아야 한다. 남들 다 돈 버는 시기에 공부하다 뒤늦게야 슬슬 돈을 벌기 시작하는데, 우리나라 사람들, 특히 정치인들은 의사가 돈을 버는 꼴을 눈 뜨고 보지 못한다.

미국의 경우, 의사가 되기 위해 얼마나 많은 시간과 노력과 투자를 했다는 것을 알기 때문에 의사가 돈을 버는 것을 당연하게 받아 들인다. 존경심과 함께!

인술만을 강요하는 우리나라와는 너무 비교가 된다. 우리나라 국민들은 행복하게 생각해야 한다. 세계에서 미국, 일본 못지 않은 최고 양질의 진료를 개보다 싼값에 받고 있으니까 말이다. 아시는지 모르시는지?

피카소가 점 하나 잘못 찍었다고 그를 비난할 사람은 없다. 소송 당하지도 않는다. 그 그림이 더 비싸게 팔릴 수도 있다. 의사의 경우 조금의 실수도 용납되지 않는다. 같은 손으로 하는 짓인데.

피카소를 폄하하려는 것은 아니지만 그는 본인의 노력만으론 절대 이룰 수 없는, 천재적 재능을 타고난 사람이다. 그러나 의사는 타고난 재능으로 하는 것이 아니라, 오로지 꾸준히 공부해서 의과대학 들어가 시간과 노력으로만 이루어지는 것이다. 어떤 것이 더 높이 평가 받아야 할까?

> "If I spit, they will take my spit and frame it as great art"
>
> \- Pablo Picasso -

> 미국에서 어떤 환자가 산부인과 의사에게 따졌다. "손가락 한번 넣다 빼는데 뭐 몇 백불씩 받느냐?" (우리나라는 개 진찰료보다 싸니까 따질 일도 없겠지만) 그러자 산부인과 의사가 말했다. "이 손가락으로 당신의 병을 진단하기 위해 의과대학, 전공의, 전임의 하면서 투자한 시간과 노력과 돈이 얼마인지 아시오? 비록 내 돈은 아니고 한심하게도 아버지 돈이었지만"

나는 제자들에게 가끔 이런 이야기를 한다. 매스컴에 의사비리에 대한 것이 나올 때마다 "그래도 의사는 근본적으로 성품은 착한 사람들이다. 고통스런 환자를 고치는 사람이 되어보겠다는 생각으로 의과대학을 들어갔으니까 말이다." 사회가 그렇게 의사를 변질되게 만들지 않았겠는가? 나는 확신한다.

그리고 의사는 의과대학부터 전문의 될 때까지 오로지 공부, 시험, 공부, 시험 밖에 모르고 사회 물정도 모르고 순진하고 겁이 많기 때문에 그저 당하기만 한다. 국민들은 이해가 잘 안될 것이다. 의과대학 나오면 열쇠 3개 받고 장가가고 떼돈 버는 줄 알고 있지만 어렵게 전문의를 따서 사회 나가 개업을 하면 정말 일부 머리 좋은 의사를 빼놓고 법에 따라 배운대로 원칙을 고수하는 사람들은 망하기 일쑤이다.

대학교수가 되어도 그렇게 나쁜 말은 아니겠지만 "아저씨" 소리 듣지 않고 멱살 잡히지 않으면 성공한 것이다.

우리끼리 하는 이야기인데 앞으로 아파트 단지 사이로 리어커 끌고 다니면서 "부러진 뼈 붙입니다." "아저씨! 여기 쌍까풀 하나요." 동대문 시장에서 박수 치면서 "쌍까풀 수술이 양쪽에 얼마 얼마?" 소리 지를 때가 오지 않을까?

의사질

생명의 존엄성

대전에 파견 나갔을 때의 일이다. 헌병대장님(당시 김진영 정형외과 과장님의 별명)께서 너무 엄하셔서 응급실 환자가 도착했을 때 5분 이상 지체되면 그 다음날 나는 사망이다. 별명이 말해주듯이 너무 엄하시긴 하지만 그 이상으로 제자들에 대한 사랑을 느낄 수 있었고 내가 환자들에게 대하는 의사로서의 갖추어야 할 태도 역시 교수님께 가장 많이 배웠다.

3년차 전공의 때는 거의 응급실에서 살다시피 했다. 밤에 응급환자가 오는데 잠시도 쉴 수가 없었기 때문이었다. 당시는 대전성모병원내에 바쁜 전공의를 위해 25평짜리 빌라를 주었는데 가족은 병원내에 있었지만 보기 힘들기는 마찬가지였다.

어느날 응급실에 한살쯤 됐나? 부모가 애기를 앉고 울면서 급히 들어왔다. 소아과 선생과 간호사가 애기를 보더니 “이미 사망했으니 영안실로 가세요.” 하는 것이었다. 부모들은 난리가 났다. “제발 좀 살려주세요.” 하고 발버둥을 치는 것이었다. 내가 “애가 숨 안 쉰지 얼마나 됐어요?” 했더니 “바로 병원 앞 택시에서 내릴 때까지는 괜찮았어요.” 하는 것이다. 나는 간호사에게 기관지 삽입, 소생술을 빨리 준비하라고 하고 일단 입으로 호흡을 불어 넣어주고 심장 마사지를 시작하면서 기관지 튜브를 삽입했다. 한 10분 정도 되니까 호흡이 돌아오고 손발이 움직이지 시작했다. 애가 울길래 간호사에게 소아과로 입원시키라고 하고 기분이 좋아서 병실로 올라갔다.

그 다음날 궁금해서 그 환자가 입원한 소아과 병실에 들어갔다. 그런데 애기는 잘 울고 젖도 잘 먹고 하는데 애 엄마가 인사도 안하고 모른척 하는 것이 아닌가. 하도 이상해서 미적미적 하고 나왔다.

1년차 선생한테 “고맙다고 인사해도 시원치 않은데 왜 저러지?” 하고 물어봤더니 소아과 선생이 “살아도 시간이 너무 늦어서 뇌성마비로 지체장애나 저능아가 될 가능성이 많다.” 고 겁을 준 모양이라고 한다.

부모가 자기 자식이 병신될 바에는 죽는 것이 낫다고 생각한 모양이다.

살려달라고 할 때는 언제고? 찝찝한 기분을 어쩔 수 없었다.

이런 일에 비하면 미국사람들이 우리나라 어린 장애인들을 양자삼아 정성들여 키우는 것을 보면 참으로 대단한 사람들이다 싶다.

미국의 흑백 갈등이 심하다는 것은 누구나 알고 있다. 그러나 우리나라의 인종 차별은 더하면 더했지 미국에 만만치 않다.

외국인 노동자들을 지하실에 가두어 넣고 일을 시키고 돈도 주지 않고 기계에 손발이 잘리고 돈 한푼 못 벌고 추방 되서 자기 나라로 돌아가는 사람이 얼마나 많은가? 어떻게 생각하면 독한 국민이다. 그렇기 때문에 자원이 없는 조그만 나라인데다 정치는 엉망인데 경제 교류는 세계 10대국에 드니까 말이다. 한

9년 전 의정부성모병원 정형외과 과장 때의 일이다.

65세된 환자가 목뼈가 부러지고 탈구가 되면서 사지 마비로 내원하였는데 호흡 중추가 있는 부위가 다쳤기 때문에 정신은 완전히 정상으로 아픈 사람 같지 않지만 자가 호흡을 못하고 사지는 완전 마비 상태였다. 즉시 기관지 절개 후 인공호흡기를 달아주고 중환자실에 입원시켰다.

환자 보호자들에게 설명하면서 "다친 부위가 중추 신경이기 때문에 회복이 거의 불가능 하지만 간혹 회복 될 수도 있으니까 하는 데까지는 최선을 다 해 봐야 된다."고 말씀을 드렸다. 그 다음날 환자 가족들이 찾아왔다. 부인과 아들 둘, 딸 하나인데 어차피 죽을 분이면 집으로 모시고 갈 테니 나보고 인공 호흡기를 제거하고 퇴원시켜 달란다. 부인과 막내 아들은 눈물이 글썽글썽 한 것을 보니 마음이 안 그런 것 같았다. 환자도 상황을 아는지 호흡기를 빼달랜다. 죽고 싶으시단다.

나는 하도 기가 막혀서 "이것 보시오. 정신이 멀쩡한 환자를 어떻게 호흡기를 빼서 죽일 수 있느냐? 하는 데까지 해 보고 생명이 스스로 다할 때까지 해서 안되면 할 수 없지만." "절대 안된다."고 말하고 내 방으로 들어 갔다. 3일 뒤에도, 4일 뒤에도 매일같이 퇴원시켜 달라고 조르는데 그 딸내미 하는 말이, "나는 일주일 뒤에 시집을 가서 미국으로 이민 가야 하는데 아버지 임종을 꼭 봐야 되겠다."는 것이다. 기가 막혀서 "당신 정말 딸 맞아?" 하면서 절대 안 된다고 했다. 원무과에서 보고가 들어 갔는지 행정 부원장 신부님께서 나를 부르셔서 "환자나 가족들이 퇴원하겠다고 저렇게 난리들인데 퇴원시키면 안 되겠냐?"고 하셔서 신부님과 환자 가족들을 다 중환자실 환자 옆에 오라고 한 후, 한 번 보시라며 나는 환자 호흡기를 뺐다. 5분 정도 있으니까 환자 얼굴이 새까맣게 되면서 환자는 호흡기를 다시 달아 달라고 막 손짓을 하였다. 신부님께 "신부님 호흡기를 빼고 퇴원시켜도 괜찮겠습니까?" 여쭈었더니 신부님께서 "안 되겠는데." 하시면서 원무과장에게 지시하여 절대 퇴원은 안 되고 경제적인 이유라면 일단 1달간 무료로 치료해 주라고 지시하셨다. "역시 가톨릭의대구나!" 나는 생각을 했다.

그런데 주말에 강의가 있어서 지방에 내려가게 되었는데 전공의한테서 전화가 왔다. "교수님! 그 환자 보호자들이 또 데리고 가겠다고 하는데요. 집 근처 병원으로 가겠다고 합니다." 나는 이거 뭐 자기가 다친 것을 공짜로 치료해 준다는데 도대체 어떻게 되 먹은 사람들인지? 이해가 되지 않았다.

전공의에게 "그러면 네가 인공 호흡하면서 앰뷸란스 타고 따라가서 그 병원 인공 호흡기에 연결을 해 주고 숨 잘 쉬는 것을 확인하고 난 후에 돌아와라." 지시했다. 어떻게 말릴 방법이 없었다.

나는 궁금해서 월요일에 그 병원에 전화를 해서 그 환자 어떠냐고 했더니 오자마자 난리치고 집으로 데리고 갔다고 한다. 우리가 안된다고 했더니 딴 병원으로 간 것이었구나...

결국 집에 가는 길에 환자분은 돌아가셨을 것이다.

이런 호로자식들하며! 내 자식들은 안 그러겠지?

나온 김에 한마디 더 가톨릭의대 자랑!

중국에서 살고 있는 사람이 목디스크가 생겨 중국에서 2번이나 수술을 받았는데 염증이 생기고 마비 상태가 진행되었다. 약 500만원을 간신히 마련하여 서울 모병원에 2주간 입원하였는데 도저히 낫지가 않아 내가 있는 의정부성모병원으로 전원이 되었다. 입원해서 수술을 해야 되는데 한 2~3달 걸릴 것 같았다.

입원하라고 했더니 전 병원에서 입원비를 다 쓰고 나니 돈이 50만원 밖에 남지 않았다고 한다. 그래도 어쩌나 입원시켜서 치료해야지.

"일단 입원하고 수술한 다음에 봅시다." 하고 2번 수술을 해서 다행히 3달만에 완치가 되어 퇴원하게 되었다. 입원비가 2000만원이 나왔는데 환자나 보호자분들은 이제 땡전 한푼 남지 않았다. 신부님께 말씀드렸더니 자선치료로 해서 무료로 해주셨고 직원들이 돈을 걷어서 중국 가는 여비까지 마련해 주었다. 환자나 보호자들은 너무 고마워 했던 것은 말할 필요가 없다. 역시 우리 대학이니까 가능한 일이겠지? 하면서 이곳에서 근무한다는 것에 대한 자부심이 생겼고 흐뭇했다.

몇 년 전에 어떤 신문에 병원에 대한 기사가 났다. 중환자로서 가망성이 없는 환자가 보호자들이 주치의와 상담을 하여 퇴원을 하였는데 이런 경우를 hopeless discharge(소생 가망성이 없는 경우의 퇴원)라고 한다. 식물인간이나 다름 없고, 바로 돌아가실 분은 대부분 가족들이 환자분이 집에서 돌아가시길 원하기 때문에 모셔가는 경우가 많다.

주치의는 허락을 할 수 밖에 없다. 나도 그렇게 배웠고 법은 잘 몰라도 관례였고 도의적으로도 그것이 옳다고 생각하고 있다.

그런데 환자분께서 돌아가시고 난 후 가족들이 난데없이

주치의사가 퇴원시켜서 돌아가셨다고 소송을 했는데 의사가 구속까지 되었다.

세상에 이런 일이?

앞으로는 환자 퇴원시킬 때 검사, 판사님의 허락을 득한 후 퇴원시켜야 되나? 이해가 되지 않았다. 순진한 의사들이 법을 아나? 사형 언도까지도 내리는 그 검사, 판사님들은 의사보다도 생명의 존엄성을 그렇게 중히 여기셨나?

의사질

명백한 잘못

한 10년 전의 일이다. 어느날 금요일 평상시처럼 경추 수술을 4명을 하였는데 경추 수술워크샵을 위해 외부에서 손님들이 8분 정도가 오셨다. 수술을 무사히 끝내고 환자가 좋아진 것을 확인하고 기분 좋게 식사를 하고 다음날 토요일 대전 성모병원에서 월례 집담회가 있었다. 병원에 전화해보니 어제 수술한 환자분들이 모두 결과가 좋다는 것이다. 안심하고 일요일에 집에 올라가서 잘 지냈다.

그런데 이게 무슨 날벼락인가. 월요일 새벽 2시쯤에 병원에서 전화가 왔다.

가슴이 철컥 내려 앉았다. 이 시간에는 부모님이나 수술한 환자가 잘못된 것 밖에는 없다.

금요일 목디스크 전방 감압술을 시행한 환자가 심장 정지가 와서 약 20분간을 기관지 삽입술을 시행하여 간신히 소생은 되었으나 혼수상태라는 것이다. 놀라서 달려갔더니 목이 많이 부어 있었다. 수술 후 기관지 뒤쪽에 혈종이 고이면서 기관지를 막아 질식된 것이다.

간혹 있는 일로 미리 발견했으면 아무 문제 없이 살릴 수 있는데 기가 막혔다. 어쨌든 수술실로 빨리 들어가서 한 종지 분량의 혈종을 끄집어 냈다.

다음날 환자가 좋아지는 듯하더니 다시 혼수상태에 빠졌다.

중환자실로 환자를 옮기고 일주일 동안은 퇴근하지 않고 환자 옆에서 살았다. 어떻게든 최선을 다해서 살려 봐야지, 어쩌나.

가족들에게는 날벼락이 떨어진 것이다. 환자는 5형제 중 중간, 55세 남자고 대학생 아들이 둘이나 있었다.

처음 겪는 것은 아니지만 정말 가족들이나 환자분께 죄송하기도 하고 나는 이제 죽었구나 하면서 가족들에게는 내가 소생술이 늦었고 근본적인 원인은 혈종을 제거하는 것을 놓친 것 같다고 말씀 드리고 늦은 것 같지만 최선을 다하겠다고 사과를 했다. 하루에 보호자 및 친지분들을 50분 정도 상대했다.

결국 일주일만에 돌아가셨는데 환자의 4형제가 내 방에 들어오시더니 65세쯤 된 제일 큰 형이 "어떻게 된거요?" 하시길래 "수술 후 목 앞에 피가 고였는데 빨리 빼주지 못해 혈종으로 질식되서 돌아가신 것 같습니다."라고 말씀드렸다.

한참 생각을 하시더니 처음에는 소송을 할 생각이었는데 선생님이 잘못을 시인하고 또 제수씨가 장선생님이 열심히 해 주셨으니까 건드리지 말고 운으로 받아들이자고 하셨단다. 그리고는 큰형님께서 하시는 말씀이 "다른 환자에게 더 잘해주십시오." 하시더니 그냥 나가시는 것이었다. 너무 죄송해서 할 말이 없었다.

2달쯤 지났을 때라 어느정도 충격이 가라 앉을만 했는데 갑자기 부인께 전화가 왔다.

나는 속으로 올게 왔구나 하면서 "왠일이십니까, 잘 지내시고요." 했더니, 남편 49제 끝나고 친구들이 위로해 준다고 동해안을 갔는데 선생님 생각이 나서 드리려고 오징어 2축을 샀으니 잠깐 들리시겠다고 하신다.

만나서 커피 마시면서 이런저런 이야기 하고 재차 사과하면서 "애들이 어디 아프면 언제든지 저에게 오세요." 하고 헤어졌다.

현재까지 연락이 없는데 잘 지내시는지... 한

의사를 하다 보니까 생각지도 않은 일이 벌어지곤 한다. 의사의 결정적인 잘못도 있지만 일반 국민들은 이해 못하는 피할 수 없는 합병증도 많다.

최선을 다해도 확률로 합병증은 일어나는데 100명을 어떻게 다 완벽하게 치료를 한단 말인가. 1명만 잘못 되어도 환자 자신에게는 100%이고 환자 가족들에게 시달리는 것(?)뿐만 아니라 내 마음의 고통은 며칠 동안 잠을 못 잘 정도로 괴롭다. 빨리 의사를 그만두던지 아니면 모든 것을 "신의 뜻"으로 돌리는 아랍으로 이민을 가던지 해야 한다.

환자가 수술 후 잘못 되어서 분쟁이 생겨서 괴로우면 부처님이 다 된 원광대 정형외과 S교수님께 전화를 한다. 선생님 말씀은 "그래도 우리나라 사람들은 최선을 다하면 대부분 용서를 해주던데요. 어쩔 수 없지 않겠습니까?" 하신다.

의사의 사회적 지위는 점점 낮아지고, 환자들의 의사에 대한 존경심도 사라지고, 의과대학을 졸업한 다음, 전공의 선택을, 의료사고가 별로 없고 힘들지 않으며, 돈을 잘 벌 수 있는 과목을 선택하는 경향이 생겨 일반외과, 흉부외과 등은 항상 미달 상태다.

내가 의과대학을 나와서, 인턴, 레지던트, 군대 3년, 석사, 박사, 유학 과정을 거치면서 부모님께 경제적인 지원을 받다가 자립한 것이 35세가 되어서다. 전임강사가 되어서도 월급이 60만원 남짓했기 때문에 이 월급만 가지고 살기는 너무 어려웠다. 그나마 집에는 거의 일주일에 한번밖에 못 들어가고...

정교수가 된 후에 친구들은 너는 의사, 박사, 교수에다가 과장이니까 돈방석에 앉았다고 술 사라고 하지만 그래도 아버지에게 매달 조금씩 도움을 받아야만 했다. 교수생활 17년간을 버티다가 애들이 대학가고 나니까 도저히 교육비가 감당이 안되서 교수직을 고만두어야겠다고 고민한 끝에 2002년에 가톨릭의과대학에서 퇴직을 했는데 퇴직금이 몽땅 다 합해서 1억 2천만원이었다.

퇴직금을 받는 순간 20대에서 50대까지 30년간 나의 모든 젊음, 열정을 다 바쳤는데 1억 2천 정도라니? 그것도 내 월급에서 매달 조금씩 뗀 것이다. 일반 기업에서 그 정도 근무했으면 더 이상의 대우를 해 줬을 것이다. 그렇지 않아도 생각지도 않게 교수직을 버려야 한다는 고통이 이만 저만이 아니었는데...

우리나라에서는 의사는 명예와 돈 둘 중에 하나만 선택해야 한다. 대학에 있으려면 자기 조상을 잘 만나던지 남의 조상이라도 잘 만나야 된다. 월급 가지고는 애들 교육시키는 것 조차 어렵다. 일반 국민들은 상상이 어려우시겠지만 사실이다.

의사질

너무나도 많은 의료 정보

최근 매스컴을 보면 건강 칼럼이 없는 곳이 없고 많은 비중을 차지한다. 검증 받은 치료 방법을 알려주는 것은 그래도 다행인데 많은 경우가 그렇지 못하고 대부분 병의원 홍보를 위한 것이다. TV나 신문 등 언론에서 특정기관의 신기술을 선전하는 것은 선진국에서는 상상을 못 할 일이다. 그것으로 방송국에 소송을 하기 때문이다.

한번은 미국 아이오와대학에 있었던 세계적으로 유명한 척추 전문의이자 spine journal(척추잡지) 편집장인 제임스 와인스타인과 이야기 할 기회가 있었다. 그가 투덜대면서 하는 말 "이번에 어떤 환자가 소송을 했는데 자기가 쓴 논문의 결과대로 딴 곳에서 수술을 했는데 결과가 좋지 않아 자기를 소송했다는 것이다." 기가 막힐 노릇 아닌가. 미국에서는 대학의 건강 채널에서 효율성이 확인되고 모든 기관에서 사용하고 있는 공인된 치료, 혹은 시술만을 특정기관을 거론하지 않고 간략하게 소개만 할 뿐이다.

요새 웬만한 음식점 가면 KBS, MBC, SBS TV에 방영된 음식점이라고 간판이 설치되어 있는 곳이 많다. 실지 먹어보면 맛이 형편 없는데, 병의원도 마찬가지 아닐까?

병원이 살기 힘드니까 의약분업 사태 이후 과의 개념이 없어지고 수익성만 좋으면 이것저것 가리지 않고 시술하고 병의원 이름도 장한 정형외과, 김상성 안과 등 이름만 붙었던 것이 뼈다귀사랑 정형외과, 이쁜눈안과, 척추사랑(사랑할게 없어서 척추를 사랑하나?) 혹은 척추를 바로 세우는 신경외과, 배속편한 내과 등으로 바뀌었다(혹시 같은 이름의 병의원들은 오해하지 말길 바란다. 그저 예를 든 것이니까).

"항"자 들어가는 것은 모두 치질 전문병의원이다. 홍보활동은 이루 말할 것도 없다.

대전에 내려와서 처음 딱 눈에 띄는 것이 있었다.

택시, 버스에 병의원 광고를 붙이고 다니는데 점점 늘어서 이제는 나이트 클럽하고 병의원 광고가 대부분이다. 그렇지 않아도 도시 전체가 광고물 공해에 몸서리 치는데 서울보다는 그나마 낫지만 간판 때문에 도시가 너무 현란하고 정신이 없다.

얼마나 효과가 있을 것인지?

또 한가지 특이한 점은 내 외래에 내원하는 환자가 100% 민간요법 혹은 침, 추나요법 등 한방 치료를 받고 오는 것이다. 나는 한방을 부정하지는 않는다. 한방의 역할도 분명히 있다고 생각한다. 그러나 역할 분담을 확실히 해야 하는데 대부분의 한방의사들은 양의사들과는 달리 환자들의 질문에 대한 답이 항상 있다. 양의사는 한의사에 비해 모르는 것이 너무 많은 것 같다.

다른 것을 둘째치더라도 방송에서 아름다운 여자 한의사가 연예인들에게 여기저기 침을 찌르는 것을 보면 놀라울뿐이다. 기본적인 무균 소독이 안되어 있는 방송국 스튜디오에서 말이다. 내게 오는 환자들을 보면 이러한 매스컴의 영향이 대단하다는 것을 느끼고 있다.

요새 우리나라 평균 수명은 수많은 공해, 안전사고, 발암물질, 교통사고에도 불구하고 80세를 넘어서고 있다. 그러므로 국민들도 한방의 발달 때문만이라곤 생각지 않을 것이다.

내가 정말 존경하고 한편으로는 정말 특이하다고 생각하는 한 의과대학 교수님이 계신다. 외래를 보고 있는데 본인이 직접 환자를 데리고 오시더니 “나는 누구인데” 본인 소개와 함께 “장선생님, 이 환자는 목디스크 같은데 아무래도 수술이 필요할 것 같아요. 잘 부탁합니다.” 이러시는 것이 아닌가. 깜짝 놀라서 “알겠습니다. 교수님. 최선을 다하겠습니다.” 정중하게 인사를 드렸다. 이렇게만 협진이 된다면 얼마나 좋을까? 생각하면서...

외래를 보다 보면 수술이 필요한 환자들은 대부분 유명한 병의원을 5개 정도는 거쳐서 내원하고 아는 것도 너무 많다. 당신은 이러이러 하니까 수술이 필요할 것 같습니다 하면 “수술 안 하면 안됩니까? 침으로는 안 될까요? 약으로는?” 기껏 20분 동안 수술의 필요성을 설명했는데 이거 무슨 봉창 두들기는 소리냐. 화를 낼 수는 없고 “설명은 다 해드렸고 천지에 깔린 것이 척추 전문의사이니까 저 한 사람의 의견일뿐이니 이것저것 다 해보시고 정 못 견디시겠으면 다시 오십시오.” 하고 내보낸다.

외래 반나절 4시간 동안 40~50명 보면 지칠대로 지친다.

환자가 너무 많은 의료 정보를 가지고 있고 이병원 저병원

다니면서 의사마다 다른 설명을 했기 때문에 혼동이 된다는 것은 이해가 되지만 이 때문에 더욱더 질환에 대해 이해시키기가 너무 어렵다. 아마 서울대나 연세대학병원, 삼성의료원 같이 크고 권위가 있어 보이면 그냥 믿겠지 속으로 생각하면서…

요새는 환자에게 병에 대해서 적절한 치료가 무엇이라는 설명만 해주고 나한테 수술 받으라고 권유하지 않는다. 절실하게 원하는 환자에게만 최선을 다하겠다고 하고 입원을 시킨다.

이 세상에 쌓인게 의사 아저씨 아닌가?

오래 전 공영 TV에서 우연히 유명한 원로 아나운서 김선생님의 건강상담 코너를 보게 되었다. 상담 의사로서 성형외과 의사, 이비인후과 의사, 한의사 3분이 나왔다. 3분이 돌아가면서 전화 상담에 대한 답변을 하다가 한의사 차례가 됐는데 "코피가 자주 나는데 어떻게 하면 좋겠냐?"고 시청자가 질문을 했다. 한의사께서 "무슨 무슨 문제 때문이니까 어떠 어떠한 약을 달여 먹어야 된다."고 하였다. 그러자 "코피가 멈추지 않을 때는 어떻게 하나요?" 재차 질문을 하였다. 한의사 선생님 말씀이 "코피가 날 때는 응급 조치로 2번째 손가락 첫째 마디를 고무줄로 칭칭 감으십시오." 라고 답변하였다. 나는 속으로 시간이 지나면 어쨌든 코피는 저절로 멋겠지만 고무줄로 손가락을 너무 세게 묶으면 손가락이 썩을텐데 생각하였는데, 카메라맨은 짓꿎게도 한의사 얼굴이 아니라, 미소를 짓고 있는 이비인후과 의사 얼굴을 비추었다. 다음 김아나운서 하는 말 "글쎄요, 코피가 나면 일단 막아야 되는 것 아닙니까?"

철저한 검증을 거치지 않은 솔깃한 기삿거리

- 수술하지 않고 주사로 디스크 나을 수 있다!
- 레이저, 내시경 수술, 최첨단! - 만능
- 걸으면서 수술! 당일 당장 직장 복귀!
- 인공 디스크, 척추 질환의 정복!
- 척추 교정

공영 방송, 내 약혼식 사회를 봐주셨던 임모 가수 겸 MC가 진행하는 "○○이든지 물어보세요"에서 추나요법에 대한 강좌였다. ○○○의사가 강의를 한 후 실지(?) 환자가 20명 정도 출연하였다. 오십견, 목디스크, 허리디스크, 관절염 등등...

오십견 환자가 "어깨가 너무 아파서 팔을 올릴 수가 없다." 고 하였다. 의사가 어깨 뒤를 3번 탁탁 치더니 "이제 팔을 올려 보세요." 하는데 신기하게도 환자의 어깨가 다 올라가면서 "어! 하나도 안 아파요." 하는 것이었다.

나는 보는 순간 "예수님의 손"이 생각이 났다. 앉은뱅이에게 "일어나라. 그러면 너는 걸을 수 있을 것이다." 신의 손을 가진 그 선생님은 출연한 모든 환자가 몇 달, 몇 년 앓아온 병을 그 자리에서 다 고쳤다. MC와 방청객은 "와! 신기하네요." 하고 탄성을 질렀다.

나도 저분과 같은 손을 가졌으면!

의사질

권위 의식(?)만 있는 대학 교수

대부분의 대학병원 교수들은, 나도 그랬지만, 좋게 말하면 세상 물정 모르고 순진하기만 하다. 애들을 가르친다는 사명감 없이는 박봉에 교수 생활 못 한다. 위로는 선배 혹은 스승님을 모시고 아래로는 후배 혹은 제자들로 끈끈히 연결되어 있고, 어느 정도 위치에 올라가면 병원이나 학회에서 "교수님! 교수님!" 하기 때문에 쉽게 교만해질 수 있다.

내가 의정부 성모병원 정형외과 교수로 있을 때의 일이다.

우리 어머니께서 갑자기 심장이 안 좋아지셔서 가슴의 심한 통증으로 서울에 있는 내 모교의 부속병원에 입원하시게 되었다. 놀라서 응급실에 달려가서 후배 모 조교수에게 각별히 부탁을 하고, 선배이신 심장 분야의 권위자(?)의 특진으로 입원을 시켰다. 4일간 입원을 하셨는데 전공의 2년차 여자 선생이 나에게 교수님께서 불안정한 협심증으로 돌아가실 수 도 있다고 하셨다고 겁을 잔뜩 주고 심장 혈관 촬영을 해야 된다고 했다. 나는 별로 마음이 내키지 않아, "건강하셨던 분이고 갑자기 계단을 뛰어 올라가면서 처음 생긴 일이니 약만 잘 쓰면 될 겁니다."라고 거절을 하였다. 우리 어머니도 잔뜩 겁을 먹은 것은 말할 것도 없다. 그런데 입원하고 있는 4일 동안 후배 조교수는 말할 것도 없고 선배 권위자께서도 회진 한번 돌지 않고, 설명도 없으시더니 쾌유되어 퇴원하시는 마지막날 회진을 와서 양해도 구하지 않고 전공의에게 어머니 가슴을 확 올리게 한 후 청진을 하고 아무 말도 없이 나가시더란다. 어머니께서 자신의 건강이 궁금해서 무엇 좀 여쭈어 볼라고 "선생님" 하고 불렀더니 그냥 대꾸도 없이 나가서 "뭐 저런 사람이 다 있나." 라고 생각하셨단다.

우리 어머니는 가톨릭의대의 창설 멤버이신 우리 아버님의 부인, 그 권위자를 가르친 스승의 사모님이자 또 현재 "나" 즉 동료 교수의 어머니 아닌가? 우리 어머니가 그 병원에 가면 우리 학교 1회 선배님들은 멀찌감치서 어머니를 뵈면 쫓아와서 "사모님 왠일이십니까?" 하곤 했는데, 도저히 이해할 수가 없었고, 나나 우리 아버지의 체면은 말이 아니었다. 우연히 교수실을 지나치다 후배 조교수를 만났다. 열이 확 받혀서 "야! ○○○ 이 X새끼야, 니가 의사니? 나는 아무 소개 받지 않고 온 환자에게도 그렇게 대하지는 않는다. 의사 되기 전에 인간이 되야지, 이 X새끼야! 니 선생 그 X새끼도 사람도 아니야. 그게 교수니? 그런게 어떻게 학생에게 인술을 가르칠 수가 있니?" 하면서 욕을 해 주었다. 한참 설교를 하고 있는데 그곳이 공교롭게도 바로 그 "권위자" 교수님 방문 바로 앞이었다. 내가 하도 소리를 지르고 있으니까 밖으로 나오시더니 "무슨 일이야?" 하시는 것이었다. 아마도 다 들었을 것이다. 문 위의 창문이 열려 있었으니 못들었을리 없지! 나는 "아무 일도 아닙니다." 하면서 인사도 안하고 나와 버렸다. 선배이지만 속으로 "이런 X새끼야, 먼저 인간이 되어라!" 하면서...

우리 어머니에게도 그럴 정도니 일반 환자들에게는 오죽할까?

의사질

높기만 한 대학병원 문턱

우리 가톨릭대학교 1회 선배이신 좌○○○ 선생님, 일반외과 의사로 졸업하자마자 지방에서 개업을 하셨다. 몸이 편찮으셔서 모교에 입원을 하게 됐고 수술을 받았는데 당뇨가 있으셔서 그런지 패혈증, 신부전증, 폐염 온갖 합병증이란 합병증은 다 생겼다. 사위가 치과의사로 나와 군의관 생활을 같이 하였고 또 좌선생님이 우리 아버지의 제자였기 때문에 선생님 가족들과도 친분이 있었다. 3년 동안을 입원, 퇴원을 반복하시더니 마지막으로 상태가 너무 안 좋아지셔서 아마도 돌아가실 때가 된 것 같았다. 사위인 치과 친구에게서 전화가 왔다.

우리 장인이 응급실에 목요일에 들어가셨는데 3일째 입원이 안 되고 있으니 입원 좀 부탁해 달라고 하였다. 나는 이미 교수직을 떠났지만 그곳 교수들을 거의 다 알고 있었기 때문에 일단 산악반 선배이신 일반외과 원장님에게 전화를 하였다. 휴가중이여서 휴대폰으로 직접 전화를 했다.

"아니, 원장님! 우리학교 1회 선배이시고 일반외과 의사가 돌아가실 때가 되서 응급실에 왔는데, 더군다나 우리 병원에서 수술 받고 저 상태가 되서 왔는데 입원을 안 시키고 3일 동안 응급실에 누워 있게 하는 것이 말이 됩니까?" 하면서 따졌다. 원장님께서 "아니, 내가 내과 교수에게 입원시키라고 했는데." 하시는 것이 아닌가. 또 열이 받쳐서 전화를 말도 없이 딱 끊고 병원 교환에게 전화했다. 토요일 점심 때 쯤이라 해당 분과 내과 스텝 아무나 휴대폰 전화 번호를 알려달라고 해서 통화가 연결 됐다. "나 누구인데, 나 아시오?" 했더니 "교수님, 안녕하십니까?" 하는 것이었다. "야! 이 X새끼야! 우리 1회 선배가 3일째 응급실에서 입원 못 하고 있는 것 알고 있어? 너 당장 입원시키지 않으면 나한테 죽을 줄 알아!" 욕을 해주었다. 선배님은 바로 입원이 되었고 일주일 후 돌아가셨다.

의사, 모교 1회 선배가 이런 대접을 받을 정도니 다른 환자들은 오죽할까? 생각하면서 의사 개인적인 문제인지, 병원이 잘못 된 건지, 사회가 잘못 된 건지 참으로 한심했다.

앞서 언급된 고인이 되신 선배님의 따님이 가슴에 조그만 덩어리가 만져져서 우리나라 최고의 S대 병원을 갔는데 교수가 암 같다고 진단만 붙이고는 조직 검사를 해야 된다고 잔뜩 겁만 주었다. 2~3주가 지났는데도 아무 연락도 없고 입원이 안 된다고 남편인 치과 구선생이 나에게 또 전화가 왔다. "어디 아는 사람 없어?" 물어보는데 "아니, 우리 병원에 그 분야에 권위자가 있는데 왜 그리로 갔어?" 했더니 "애 엄마가 그 병원은 진저리가 나고 아버지 생각이 나서 근처에 가기도 싫데. 그래서 S대학병원으로 갔어."

내가 아는 사람이라고는 정형외과 선생 밖에 없으니 다른 사람을 통해서 부탁할 수 밖에. 그런데 전화 연결이 안 되었다. 생각하던 끝에 주치의 일반외과 부교수에게 직접 전화를 했다. "나 누구누구인데 진단은 암일지도 모른다고 겁을 잔뜩 주고 입원은 2주일이 넘도록 시키지도 않고, 또 언제까지 기다려야 되는지 말도 안해주니, 이래도 되는거요?" "그 환자는 당신과 같은 우리 대학 출신 1회 일반외과 의사의 딸이고 서울대 치대 출신의 안사람이요."라고 했더니 "죄송합니다. 바로 처리하겠습니다." 다음날 입원시킨 후 이틀 뒤에 수술을 잡아 주었다. 의사들에게도 이렇게 병원 문턱이 높으니 일반 환자들은 오죽할까?

그러나 한편으로는 어쩔 수 없다. 의료 보험 수가가 어떤 것은 미국보다 30~40배가 싼 우리나라 현실에서 병원 운영을 위해서는 반나절 외래 볼 때 40~50명을 봐야 하고 대부분 국민들이 대학 병원을 선호하기 때문에 수술이 몇 개월씩 밀리는 것을 어떻게 하겠는가.

의사 잘못만은 아니다. 순서를 기다려야 할 수 밖에 없지 않은가? 아니면 한가한 병원을 찾는 수 밖에.

미국을 비롯한 선진국에서는 반나절에 15명 정도의 환자만을 보기 때문에 의사도 편하고 환자에게 시간도 많이 할애하고 충분한 대화를 나눌 수가 있고 수술도 바로바로 처리가 된다.

내가 2002년 퇴직하기 전 우리 대학병원의 경영 위원회에 참여한 적이 있다.

1년 순이익이 17억 흑자였는데 따져보니 영안실이 40억 흑자였다. 그러면 수천명이 밤새 일하고 환자들은 몇 달씩 밀려 있는데도 병원 수입은 23억 적자였던 것이다. 국민들이 이해가 될까?

이것이 우리나라 현실인 것이다.

우리나라 현실에서는 병원 규모는 줄이고 영안실을 멋있게 단장해서 환자가 죽기만 기다려야 되는 것이 아닐까?

의사질

자식을 이기는 아버지는 없다

외과의사들 중에는 수술 중 화를 많이 내고 가끔 욕하면서 수술 기구를 집어 던지는 교수가 있다.

그런데 어떤 유명하신 일반외과 교수님의 아들이 전공의 1년차로 아버지 밑으로 들어왔다. 아버님 수술을 1년차로서 도와드리는데 교수님께서 너무 화를 내시고 수술 기구 집어 던지고 난리가 났다.

어느 누구도 말 한마디 못하고 있었는데 제일 쫄따구 1년차가 하는 말 "아빠! 이제 그만해요!" 하는 것이었다.

그 다음은 수술 끝날 때까지 교수님 뿐만 아니라 그 누구도 아무 말도 못하고 적막이 흘렀다.

역시 자식한테는 누구도 꼼짝 못하는구나!

의사질

스승의 마음

나도 17년간의 의과대학 교수 생활을 하면서 많은 학생과 전공의를 경험하였다.

인간됨을 가르치는 신학대와 교대, 사람을 재판하고 벌을 내리는 판사, 검사, 변호사를 만드는 법대도 마찬가지겠지만 사람을 치료하고 인술을 베푸는 의사를 만들어야 하는 의과대학의 학생을 뽑을 때도 성품이나 인품을 보고 뽑지는 않는다. 성적순일 뿐이다.

그렇기 때문에 이들이 100% 다 인간적이고 모범적일 수는 없다. 좋은 스승으로서 올바른 길을 가르쳐야 하는데 "인내심이 없는 사람은 남을 가르치는 선생이 될 수 없다."는 훌륭한 랍비 힐렐의 말이 있기는 하지만 선생도 인간이기에 또 별의별 성품의 사람도 과정을 거치면 선생이 될 수 있기 때문에 모두를 훌륭한 의사로 만들 수 없다.

나는 인간됨됨이는 타고날 때의 성품 그리고 가정교육이 가장 중요하다고 생각이 된다. 야단쳐서 되는 학생이나 전공의는 가정교육을 제대로 받은 사람이다. 부모님의 이름을 욕되게 하지 않기 위해서도 스스로 노력하기 때문이다.

그러나 안될 것 같은 사람은 아무리 야단쳐도 소용이 없다. 이미 성격 형성이 끝난 성인이기 때문에 안 되는 "놈"은 안 된다. 그렇다고 랍비 이야기와 같이 포기할 수는 없다. 밖에 나가서 나쁜짓만을 하지 말게 만들어야지. 그래도 선생인데!

나는 그런 사람에게 잘하면 상은 주되 벌은 가혹해야 된다고 생각한다.

경고 후에 잘못하면 피눈물이 나게끔 무서운 "형벌"을 내려야 한다는 것이다. 그래야만 "이러면 안되겠구나." 하고 스스로 고친다.

의과대학 교수들은 전공의들의 잘못으로 환자가 잘못되면 대부분 전공의에게 책임을 묻지 않고 본인들이 다 해결을 한다. 의사이지만 한편으로는 내 학생이기 때문에.

요사이 부모님의 과보호로 자랐고 의과대학에 들어오기 위해 고등학교 때 전교에서 1,2등 하며 한가닥 하던 사람이 이미 성인이 되어버린 다음에는 잘못된 가정교육을 바로잡기가 너무 힘들다. 가혹한 형벌 이외에는!

특히 수술을 하는 Surgeon(외과의사)들은 전공의들이 한 가지 수술을 배우기 위해 10년간 청소만 하는 그런 정신이 있어야 한다고 생각한다. 초밥 만드는 일본 사람의 정신도 그러한데 하물며 사람을 치료해야 하는 의사는? 어때야 될까?

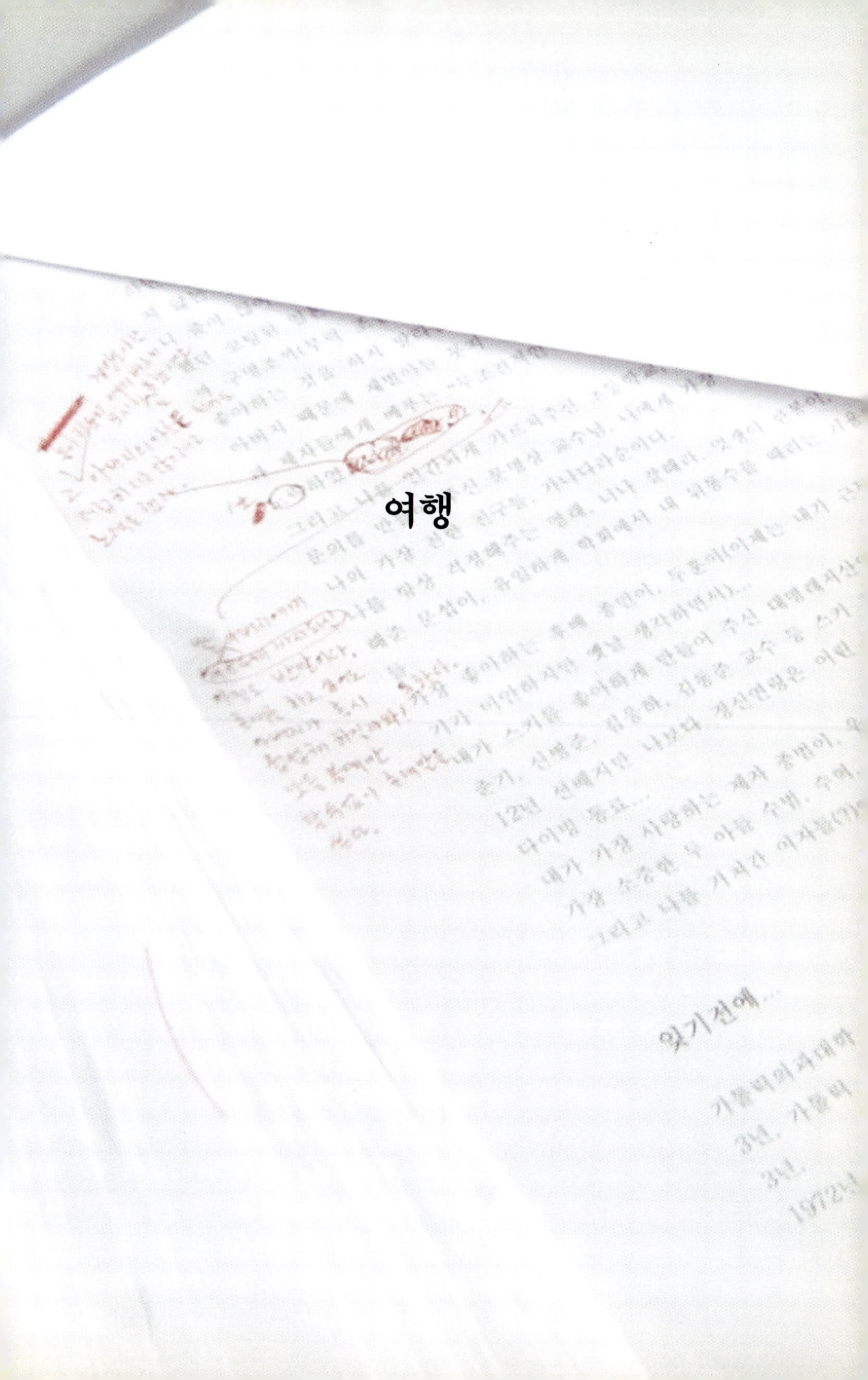

여행

여행

유학생활

김인 교수님께서 1989년 내가 조교수로 진급하자마자 "경추(목뼈)를 전공하고 와." 명령하셔서 그대로 나는 경추를 전공하러 미국 아이오와주 닥터 클락에게(당시 미국 경추학회 회장) 갔다. 1년반 동안 미국에서 모처럼 가족과 함께 잘 지내다 왔다.

주말에는 술 대신 가족들과 함께 공원에 가서 바비큐도 해 먹고 애들하고 놀아주고, 요세미티국립공원, 워싱턴 DC, 올랜도 디즈니월드 등 여기저기 여행다녔고, 꿈같은 세월을 보냈다.

▶ 미국 아이오와대학 유학시절 생체역학실험실에서 MTS 기계 사이에 머리를 두고 있는 필자.
무거운 쇳덩어리가 내려오면 나는 죽는다.

▶ 1965년 피부과 교수이셨던 아버님이 미국 유학 가셨을 때 백악관 앞에서 찍은 사진(위)과 33년 뒤 1989년 필자가 유학 가서 같은 장소에서 찍은 사진(아래). 33년 전이나 후나 백악관, 분수대, 맨홀의 위치는 변함이 없으나, 담장에 쇠꼬챙이가 추가된 것이 보인다. - 도둑을 막으려는 것인지? 테러를 막으려는 것인지?

돌아오는 길에는 일본 게이오대학에 경추 분야에서는 세계적으로 유명하신 히라바야시 교수께 2달간 전수를 받았는데 미국에서 일년반 있던 것 보다 더 많이 배웠고 교수님의 정을 느낄 수 있었다. 제자들을 사랑하고 자랑스러워 하시고 2달

동안 매일 수술, 외래를 들어가고 점심을 매일 교수님방에서 도시락으로 함께 했다.

하루는 교수님께서 도쿄에서 1시간 정도 기차를 타고 개인 병원에 수술을 해 주러 가자고 하신다. 수술을 도와드리고 저녁 대접을 잘 받고, 돌아오는 기차역에서 교수님이 봉투를 꺼내시더니 돈을 세어보는 것이 아닌가. 깜짝 놀라서 속으로 '아니 왜 돈을 이런 자리에서 세어보시나?' 했더니 "닥터 장" "네" "이 돈의 반은 닥터 장거요. 수술을 도와줬으니까." 하면서 주시는 것이 아닌가. 깜짝 놀라서 "아닙니다. 저는 배운 것이지 도와드린 것이 아닙니다. 저는 못 받습니다." 했는데 계속 주셔서 할 수 없이 받아서 잘 썼다.

한국에 돌아와서 얼마 전 히라바야시 교수님께서 정년 퇴직하고 도쿄의 인접 외곽 도시인 굼마의 조그만 병원에서 외래만 보시고 계셨다. 일본에 갈 일이 있어서 한번 뵈려고 편지를 보냈더니 "본인은 이미 척추학회를 떠난 사람이니까 닥터 장에게는 도움이 안 될거요. 나에게 오지는 말고 케이오 대학의 도야마 주임 교수를 만나시오." 하시는 것이었다. 섭섭하지만 할 수 없이 나보다 3년 선배이고 친분이 있는 도야마 선생에게 갔더니 병원을 구경시켜 주고 난 후 책을 한 권 주는데 책표지 다음장에 히라바야시 선생님 자필로 "닥터 장, 반가웠네, 열심히 공부하시게." 하는 글이 써 있는 것이 아닌가.

눈물이 핑 돌았다. 얼마나 생각이 깊은 분이신가!

조금 전에 도야마 선생에게 책만 전해주고 가셨단다. 내가 이분의 반만이라도 될 수 있다면 나는 인생에서 성공한 것이다. 한

▶ 나를 척추전문의로 만들어 주신 교수님들과 함께. 왼쪽으로부터 일본 게이오대학의 히라바야시교수님, 필자, 전공의 때 주임교수 문명상 교수님, 미국 유학시절 아이오와대학병원의 클락 교수님

1991년 1년반의 미국 유학 생활을 마치고 돌아오기 한달 전 가장 친했던 미국 아이오와대학의 척추전문의 닥터 화운드가 도박으로 유명한 네바다주의 리노에 가는 패키지 티켓 "get one, free one" (50% 할인) 쿠폰이 나와서 와이프들을 놔두고 나와 함께 남자끼리만 가자고 해서 둘이서만 가게 되었다.

비행기 안에서 저널을 한 묶음을 주면서 읽어보라고 하는데 이것이 무엇이냐고 했더니 어떻게 하면 크랩(주사위 2개를 당구대 같은데 던지는 도박의 일종)에서 돈을 딸 수 있을까에 대한 논문들이었다. 참으로 놀라운 것이 우리가 쓰는 척추 과학 논문하고 페이지 수나 서론, 본론, 결론, 인용문헌 등 양식이 똑같았다.

비행기에서 내려 택시를 탔는데 택시 운전사가 어디에서 왔냐고 물었다. 닥터 화운드가 아이오와에서 왔다고 했더니 갑자기 폭소를 터트리면서 “아이오와?” 하는 것이었다.

그 먼 시골 옥수수밭만 있는 곳에서 어떻게 여기까지 왔냐 하는 말투였다. 그러면서 다음 하는 말이 “아이오와 사람은 earnest (정직)해” 하는 것이었다. 그말을 듣고 얼마나 웃었던지... 닥터 화운드의 이름이 “Earnest M Found”였던 것이다.

어니(닥터 화운드 애칭)가 자기를 이제부터는 뉴욕에서 온 존이라고 불러 달라고 했다. 그러면서 설명을 하는데 “뉴욕에서 온 존”이라는 것은 일종의 슬랭으로 창녀를 찾는 사람을 뜻한다. 미국에는 함정 수사가 가능한데 여자 경찰이 창녀 복장을 하고 지나가는 사람을 유혹해서 남자가 “그래 같이 가자.” 하면 뒤에서 수갑을 꺼내서 “헤이 존” 하면서 철커덕 수갑을 채운다고 한다.

2일째 저녁, 지판에는 떠나기 전에 한국식(?)으로 나를 접대 한다고 렌터카를 해서 카슨시티라는 곳을 찾아가자고 했다. 그곳에 가면 법적으로 허가 받은 공창이 있다고 했다. 어쨌든 가자니 갈 수 밖에... 렌터카를 타고 저녁 7시에 출발했는데 1시간 밖에 안 걸리는 거리를, 눈은 펑펑 오는데 길을 잃어서 4시간 만에 찾을 수 있었다. 뭐하는 짓이었는지? 헤맨 끝에 멀리 보이는 새까만 사막 한복판에 빨간등이 하나 달랑 있었다. 어니가 “저거다!” 하는 것이었다. 동서양을 막론하고 홍등은 같은 모양이다.

새까만 어둠을 헤치고 허허 벌판을 걸어가는데 사막 한 복판에 단층짜리 시커먼 건물이 드문드문 3개 있었다. 껄렁껄렁한 놈들이 마주 오고 있는데 어니가 “어떤 집이 괜찮냐?” 했더니 저 집이 괜찮다고 가리켰다. 들어가려 하는데 겁이 덜컥나서 그냥 가자고 했다. 철조망으로 둘러싸여 있는 콘세트 건물이었다. 무슨 포로 수용소 같았다. 초인종을 누르니까 문이 철커덕 열리더니 다시 닫혔다. 들어가보니 여느 바와 같았다. 테이블에 앉아서 맥주를 시켰는데, 스탠드에 온갖 늘씬한 여자들이 코트를 걸치고 서 있으면서 갖은 포즈로 몸을 비비 꼬면서 코트를 열면서 슬쩍슬쩍 맨살을 보여주는 것이 아닌가. 어니가 나보고 고르라고 했다. 나는 무섭고 에이즈도 겁나서 구경했으니 그냥 가자고 졸라서 간신히 팁만 놓고 빠져 나왔다.

여행

파리의 "삐갈"은 절대 혼자 가서는 안된다

척추학회가 있어서 1987년에 파리를 갔는데 나보다 2년 선배이신 영남대학 안교수님과 함께 갔다. 몽마르뜨르 언덕을 가려고 하는데 주위가 온통 다 유흥가였다. 둘이 지나가는데 10프랑이면 라이브쇼를 볼 수 있다고 했다. 내가 "싼데 한번 볼까요?" 했더니 "봅시다." 해서 함께 들어갔다.

자리에 앉는 순간 나는 이거 잘못 들어왔구나 생각했다. 손님이 아무도 없는 조그맣고 새까만 곳에서 무대에서만 공연을 하고 있었다.

자리에 앉자마자 샴페인 2병이 나왔다. 그래서 우리는 한 병이면 된다 했더니 먹을만치 먹으라고 했다. 그러더니 여자 둘이 옆에 앉는 것이 아닌가. 우리는 혼자 먹을 것이니 가라고 했는데 걱정 말라며 가지 않고 앉아 있었다. 아무리 생각해도 찜찜해서 10분만에 "나갑시다." 하고 계산서를 가져오라고 했는데 3600프랑이 나왔다. 샴페인 1200프랑, 여자 1200프랑, 라이브쇼 구경값 1200프랑이란다. 10프랑은 입장료였다.

이때부터 웨이터와 싸우기 시작했는데 안교수님이 영어로 싸우시는데 기세 등등했다. 웨이터 등치가 우리 2배는 되는 것 같았고 말해도 씨알도 안 먹혔다. 우리와 상대도 안 하고 어디론가 가더니 한 시간쯤 있다가 다시 와서 2400프랑만 내라고 했다.

그래서 우리는 경찰을 불러달라고 했는데 또 상대도 안 하고 사라지더니 1시간 뒤에 다시 왔다. 1200프랑만 내라는 것이다. 그리고 또 사라졌다. 3시간이 경과됐는데 내가 “선생님 얼마 있으세요?” 했더니 “1000프랑”, 나도 1000프랑 정도가 있었는데 1500프랑을 일단 양말 속 발바닥에 깔아 넣고 내가 웨이터를 불러서 “탈탈 털어도 500프랑 밖에 없으니 받으려면 받고 맘대로 해라.” 했더니 못 이기는 척 받고는 나가란다. 드디어 탈출 성공! 그곳에서 나와 둘이 슈퍼 앞 벤치에 앉아서 맥주를 새벽 3시까지 마셨는데 30프랑도 안 나왔다.

▶ 바가지 쓴 다음날 안교수님과 세느강의 미라보 다리 위에서...

이틀 정도 짬을 내서 파리 시티투어를 했는데 당시 민주화 투쟁으로 옥살이를 오래 하신 한겨레신문 장편집국장님과 함께 루부르 박물관에 갔다. 사촌 동서인 조선일보 특파원 아들이 차를 태워다 주었는데 "몇 시쯤 모시러 올까요?" 물어 보길래 내가 "국장님 그림 좋아하세요?" 여쭈어 보았더니 "아니" 하시는 것이었다. 그래서 나도 그런데 "그럼 우리 모나리자하고 비너스만 봅시다." 하고, 조카에게 "30분 후에 데리러 와." 했더니 조카가 하는 말 "우리는 고등학교 때 선생님과 함께 보통 3일간을 꼬박 보는데요."라고 하였다.

하루는 조선일보 특파원 손위동서가 직접 안내해 주었다. 유럽에 대해서는 박식하신 분으로 남들이 주로 다니는 유명한 곳을 찾아다니는 것이 아니라 뒷골목을 다니면서 파리를 느끼게 해 주었다. 시내 한 복판에 팡떼온이라는 파리의 유명한 분들의 묘지인 그리스 파르테논 신전과 비슷한 건축물이 있었는데 처음에는 그저 멋있는 건물이라고만 생각 했다. 그 분이 역사와 함께 "이곳은 프랑스인의 정신적인 지주이며 오로지 조국 프랑스를 위해 숨진 사람, 영광뿐인 사람만 묻힐 수가 있고 아무리 유명해도 영과 욕이 엇갈리는 사람은 묻힐 수가 없는 곳이다."라고 설명해 주셨고 앞에 있는 알 수 없는 글씨가 "프랑스는 이들을 사랑하노라."라는 뜻임을 알았을 때 가슴이 뭉클하였다. 또 오데온이라는 오페라하우스의 기둥에 있는 총알자국과 동판의 의미 "이곳에 누가 몇 년 몇 월 몇 일 조국 프랑스를 지키기 위해 싸우다 잠들다."라는 대학생 레지스탕스의 기념비였다. 파리시민은 정말 파리를 사랑하지 않을 수가 없다는 것을 느꼈다. 과연 우리는 서울을 얼마나 사랑하는가? 한

▶ 팡떼온 앞에서 문교수님(가운데),
안교수님(좌측)과 함께

▶ 오데온 기둥에 있는 레지스탕스 기념 동판 앞에서 안교수님과 함께

하루는 상드리제 거리에 있는 레마르크의 소설 개선문에 나오는 후켓 레스토랑에 하루 종일 앉아 있었다. 노인과 바다의 헤밍웨이가 앉아서 낙서한 테이블에 앉아서 개선문의 주인공 레지스탕스 의사가 조앙이라는 여인과 만나 깔바도스라는 싸구려 꼬냑을 이곳에서 마시고 미라보 다리에서 연애하던 귀절을 상상하면서 깔바도스를 시켰는데 한잔에 120프랑이였다. 그런데 바로 50m 옆에 똑 같은 레스토랑은 한잔에 60프랑이었고 까르푸에서는 한 병이 64프랑하는 싼 술이었다. 자리값은 우리나라랑 역시 마찬가지였다.

한번은 아랍의 갑부가 후켓레스토랑을 사서 부셔 버리고 새 건물을 지으려고 했는데 파리 시민들이 들고 일어나서 포기했다고 한다.

상드리제 거리는 나폴레옹시대 때 사각진 돌로 깔은 길인데 차가 지나가면 덜컹거려서 정부에서 아스팔트로 바꾸려고 했다. 역시 시민들이 들고 일어나서 아직까지 그대로 있다.

매년 연말이면 남은 예산을 쓰려고 멀쩡한 보도 블록을 바꾸는 우리나라는?

▶ 후켓레스토랑 앞에서 필자

▶ 파리 거리에서 웨이터들의 경주.
맥주잔과 맥주병을 넘어뜨리거나 흘리지 않고 가장 빨리 도착하는 사람이 일등이다.
참으로 여유 있고 멋있게 보였다.

여행

영어가 필요 없는 프랑스인

척수 수술 연수를 위해 1987년 노르만디해협 연안의 칼롯 인스티튜트라는 병원을 갔는데 동네 음식점이며 호텔이며 영어를 전혀 알지 못했다.

정말 모르는건지 모르는 척 하는 것인지? 호텔 후론트 데스크에 있는 사람이 룸 투오세븐(207호)키를 달라고 했는데 그것조차 못 알아 들어서 세미나에 참석한 모든 사람들이 직접 후론트데스크 안에 들어가서 자기방 키를 가지고 나와야 했다.

참으로 해도 너무했다. 동네 음식점을 가도 웨이터가 영어를 못 알아 듣고 메뉴도 전혀 읽을 수가 없어서 "저기 앉아 식사하시는 분 것과 같은 메뉴로 가져다 달라."고 지적해야만 했다. 어쨌든 프랑스 사람들은 자신들이 프랑스인이라는 것에 대해서 굉장한 자부심을 가지고 있는 것 같았고 실지로 그럴 만하다고 느꼈다.

여행

비행기 이야기

> "비행기에서 이코노미석을 탈 수 밖에 없는 것이 하느님의 의지라면 애초에 인간의 몸은 더 가늘게 만들어졌을 것이다."

나는 지금까지 대학에 근무하면서 학회에 참석하기 위해 외국 여행을 많이 하였으나, 비즈니스 클래스는 너무 비싸서 엄두를 못 내고 이코노미 좌석만을 타고 다녔다. 지금까지 이코노미 클래스 표를 사서 비스니스 클래스를 딱 4번 타 봤는데 좋긴 좋았다.

첫번째는 이코노미 자리에 앉았는데 좌석이 젖어 있었다. 누가 물을 흘린 모양이었다. 승무원을 불러서 이야기 했더니 자리를 바꾸어 주겠다고 조금만 기다리라고 했다. 한참 있더니 이코노미 자리가 꽉 차서 비즈니스 좌석 밖에 없으니 그쪽으로 옮기라고 하였다. 아! 꽉 찼을 때는 물을 뿌려도 되겠구나 하면서...

근데 치사하게 음식은 이코노미 음식으로 주더라. 옆의 사람 눈치 보이게!

두번째는 태국에 스쿠바다이빙 촬영을 위해 일주일간 배를 타고 항해 한 후 집에 돌아오자마자 이틀 후 미국에서 학회가 있었다. 대한항공에 전화를 해서 좌석을 미리 통로석으로 예약을 해달라고 했더니 공항에 나와서 해야 된다고 했다. 그 당시 외국 비행기들은 미리 좌석 예약이 전화로 가능하였다. 그래서 어떻게 하면 되냐고 했더니 3시간 전에 공항에 오기만 하면 가능하다고 했다. 그래서 3시간 전에 체크인 카운터에 갔는데 이미 자리가 없다는 것이다. 화가 나서 당신네들이 3시간 전에만 오면 된다고 하지 않았냐 하면서 나는 통로석 아니면 죽어도 못 간다고 했더니 30분 후에 다시 오라고 했다. 다시 갔더니 비즈니스클래스를 주었다.

야! 한번 우겨볼만 하구나, 속으로 생각했다.

세번째는 마이애미에서 학회 참석 후 한국에 돌아오는데 유나이티드 항공을 이용하였다. 나는 1989년 미국 유학한 후부터는 비행기 값이 조금 싸서 돌아와서도 거의 유나이티드 항공을 이용하였는데 그 당시 유나이티드 항공 마일리지는 일정기간이 지나면 없어지곤 하였다. 그래서 한편으로는 억울해 체크인 카운터에서 잘 못하는 영어로 컴플레인을 하였다. "지금까지 몇 년 동안 당신네 항공만을 애용했는데 한번도 혜택받은 적이 없다."고 했더니 웃으면서 그러면 이번에는 한국에 비즈니스 클래스로 가란다. 이게 웬 떡인가. 한번 투덜댈 만도 하구나 하면서... 편하게 귀국할 수가 있었다.

네번째는 일등석이 어떤지 궁금하기도 하고 그날따라 피곤하기도 해서 대한항공 마일리지를 사용해 일등석으로 좌석을 업그레이드 하였다. 그런데 옆좌석에 있는 사람이 앉자마자 비행기 뜨기도 전에 바로 코를 고는 것이다. 승무원에게 슬쩍 건드리고 깨우든지 해라 도저히 못 견디겠다고 했더니 자기들도 어쩔 수 없단다. 할 수 없이 내가 옮길 수 밖에... 남은 자리가 없어 비즈니스클래스로 옮겨서 갈 수 밖에 없다는 것이다. 역시 나는 일등석은 안 되는구나 하면서... 또 비즈니스 클래스를 타 봤다.

여행을 다니면서 알게된 비행기 탈 때 한가지 요령은 한번 쑤셔볼 필요가 있다는 것이다. 그렇지만 점잖게, 안 되면 말고, 고맙다는 인사도 빼놔서는 안된다.

몇 년 전 미국의 여러 군데를 들려야 할 경우가 있었는데 워싱턴에서 비행기를 갈아타야 했다. 그런데 마침 눈이 너무 많이 와서 공항이 완전히 결항이 됐다. 그 큰 공항이 난리가 났다. 모두 워싱턴 공항 근처 호텔 예약을 부탁하느라고 체크인 카운터가 줄이 새까맣고 나들 실망한 눈초리로 나오는 것이었다. 근처 호텔이 없고, 천재지변은 항공사에 책임이 없다는 것이다. 고민을 하던 중 저쪽 옆 카운터 데스크를 보니까 웬 아리따운 여자 직원이 혼자 있는 것이 아닌가. 그쪽으로 가서 나는 한국사람인데 이러이러해서 곤경에 빠졌는데 공항에서 자게 생겼다. 좀 도와줄 수 없느냐고 했더니 친절하게도 30분 정도 여기저기 전화를 하더니 호텔을 잡아 주는 것이 아닌가. 그것도 모자라서 호텔 숙박비, 택시 모두 공짜 티켓을 주었다. 너무 고마워서 뽀뽀라도 해주고 싶었지만 혹시나 임자가 있을까봐 참았다.

밑져야 본전인데 하면서 비벼보면 뭔가 나오는 경우가 있다.

그리고 동남아시아 특히 필리핀 갈 때는 일등석을 비즈니스석으로, 비즈니스석을 일반석의 앞좌석으로 이용하여 고객서비스를 하는 경우가 있다. 이때도 일찍 가서 말만 잘 하고 체크인카운터 아가씨에게 잘 보이면 이코노미표로 비즈니스석을 얻을 수 있다.

여행

호텔 스위트룸에서 공짜로 잔 일

가족들과 네바다의 라스베가스 다음 도시인 리노를 갔다. 호텔 예약을 미리해서 체크인을 하는데 카운터가 한참 고민을 하더니 그 방이 없으니 다른 방을 쓰라는 것이었다. 키를 받고 엘리베이터를 타고 올라가는데 기분이 심상치 않다. 복도가 레드카펫 아닌가. 방에 들어갔더니 큰 방이 4개에다 응접실, 홈바, 온가족이 함께 들어갈 수 있는 커다란 목욕탕이 있고 커튼을 걷으니 멀리 리노 눈덮힌 산들이 한눈에 보이는 것이 아무래도 잘못 들어온 것 같다 하고 다시 후론트데스크로 내려갔다. "어떻게 된 것인가? 나는 60불짜리 방을 예약했는데 방이 너무 생각했던 것과 다르다."고 했더니 하는 말 "그 방은 하루에 450불짜리 하는 방인데 60불짜리 방이 다 떨어졌으니 그 방을 60불에 쓰라."는 것이었다. 이게 왼 떡이냐! 그날 기분도 좋아서 블랙잭을 했는데 900불 땄다.

한국에서는 제주에 학회가 있어서 우리나라에서는 최고급

이라는 중문 호텔의 일반룸에 들어가서 자려고 하는데 베개에 무엇이 묻어 있는 것이 아닌가. 자세히 보니 곰팡이 같은 것이었다. 우리나라 최고의 호텔이 이러면 안 되지. 국가적인 망신인데 알려줘야겠구나 생각하고 룸서비스 아주머니만 부르면 베개만 바꿔주는 것으로 끝날 테니까 전화를 해서 총지배인을 오라고 했다. 양복을 입고 넥타이 메고 점잖게 기다렸다. 총지배인과 객실 총담당이 뛰어왔다. "선생님, 무슨 일이십니까?" "베개에 무엇이 묻어 있는데 한번 보시고 우리나라 최고의 호텔에 다시는 이런 일이 없어야 될 것 같아서 감히 오시라고 했습니다." 총지배인은 잠깐동안 베게를 뚫어지게 쳐다보더니 "선생님, 잠깐 밑에서 커피를 마시고 오시면 저희가 방을 바꾸어 드리겠습니다." 하는 것이 아닌가. 그래서 나는 "그럴 필요는 없고 베개만 바꿔주세요." 했더니 부득부득 우겨서 못 이기는 척하고 커피숍으로 내려갔다. 조금 뒤에 준비됐다는 연락을 받고 올라가보니 하루에 100만원이 훨씬 넘는 한층에 1개밖에 없는 객실인데 방이 3개에 응접실이 있고 목욕탕에 누우면 서귀포 앞바다가 다 내려다 보이는 최고로 좋은 방으로 바꾸어 놨다. "아니, 나 돈 없어요. 그리고 이럴 필요가 없는데요." 했더니 "저희가 잘못을 했기 때문에 죄송한 마음에 옮겨드리는 것입니다. 2박 3일 동안 무료로 쓰십시오." 하는 것이 아닌가. 역시 고급 호텔은 달라도 뭐가 다르구나! 하면서 방으로 들어갔다.

세계 어디에서나 볼 수 있는 한국 사람들

지구상에서 자기 나라 이외에 다른 나라에 가장 많이 나가 있는 사람은 숫자로는 물론 중국 사람이다. 그러나 가장 많은 나라에 나가 있는 지역 국가수로는 한국이 단연 톱이다. 어디 외국에 다녀오면 구석구석 한국말이 안 들리는 곳이 없을 정도이다. 한국인의 생존력은 가히 대단하다고 할 수 있다.

1992년도 여름에 세계수중연맹총회에 의료담당으로 이집트의 샤롬엘 쉐이크라는 곳을 다녀올 기회가 있었다. 카이로에서 비행기로 1시간반 정도 가야 하는 조그만 도시인데 해양학자들에게만 주로 알려져 있고 스쿠바다이빙으로 유명한 홍해 해안의 도시이다. 요새는 세계적인 포럼도 자주 한다.

그 당시는 큰 호텔만 3개 정도 있고 옆에는 인구가 단지 몇 백명 정도 밖에 안 되는 조그만 마을이 있는데 그곳에 한국식당이 있었다.

참으로 놀라웠다. 일행들하고 가서 식사를 하면서 주인장하고 인사를 하고 "아니, 이런데서 장사가 됩니까?" 여쭈어 봤더니 인건비를 포함한 원가가 10% 정도로 워낙 싸기 때문에 장사가 된다고 한다. 이분도 오랜만에 한국 사람들을 봤기 때문에 반가워하면서 잘해 주셔서 일주일 동안 머물면서 자주 갔다.

▶ 이집트 샤롬엘 쉐이크의 호텔에서 찍은 멋있는 밤의 풍경.
천막 밑에는 물담배의 뿌연 담배 연기가 마약을 함께 하고 있는 것과 같이 퇴폐적으로 보이고 바로 위에서는 흐느적거리는 그룹 사운드의 연주, 그 위는 사람들이 동그란 지붕 위의 돔에 누워서 별들을 바라보고 있다.

하루는 짬을 내서 4명이서 택시를 한대 대절해서 모세께서 십계명을 가지고 내려온 시나이산을 갔다. 3시간반 정도 사막을 달렸다. 나중에 돌아오는 길에 동료 한분이 택시 뒤에 비싼 카메라를 놓고 내렸다. 택시 기사에게 전화를 했더니 자기는 이미 카이로쪽으로 가고 있기 때문에 도저히 돌아갈 수가 없다고 하면서 한국에 우편으로 부쳐주겠다고 한다. 어쩔수 없지 않은가. 그날 저녁 한국식당에 가서 식사하면서 주인장에게 그 이야기를 했더니 종업원을 불러 이집트 말로 "야, 카메라 찾아와." 하는 것이었다.

말이 떨어지기가 무섭게 10분도 채 안 되어서 그 운전기사가 카메라를 가지고 식당에 왔다. 미안하다고 하면서 카메라를 건네주는데 실실 웃으면서 가지를 않는다. 왜 그러냐고 했더니 10불만 달라는 것이다. 하도 귀엽고 우스워서 고맙다고 하면서 10불을 주었다. 나중에 주인장에게 물어보니 그 종업원 형이 경찰이었다. 당시 이집트에서 대학 전임강사 월급이 미화 80불 정도였으니 800불짜리 카메라는 그야말로 횡재였다.

또 하나 재미있었던 것은 호텔에선 국제전화를 방에서 못하고 밑에 조그만 우체국 같은데서 하는데 내 계산으론 3불 정도 할텐데 10불을 냈더니 4불만 건네줬다. 그래서 내가 "왜 7불을 주어야지 4불만 주냐?" 했더니 아주 내색도 않고 따지지도 않고 마치 걸렸구나 하는 표정으로 3불을 내어 주었다. 참으로 귀여운 사기다.

▶ 모세께서 십계명을 들고 내려온 시나이산.
멋있기는 하나 나무 한 포기 없는 삭막하기 그지 없는 산이었다.

▶ 택시 옆에서 담배 피우고 있는 사람이 카메라를 즉시 반납한 귀여운 이집트 아저씨

▶ 샤롬엘 쉐이크에서 세계수중연맹총회 참석차 간 김에 홍해(red sea)에서 다이빙을 하였는데 너무나 인상적이었다. 좌측 끝은 우리가 온 사막 지평선, 오른쪽은 홍해의 수평선이다. 지평선과 수평선이 맞닿아 있다. 이렇게 삭막한 곳의 바다에 들어가니 휘황찬란한 형형색색의 물고기와 산호로 꽉 차 있었다.
좌측이 대한수중협회 및 스키협회 회장님이셨던 고 김상겸 회장님, 늘씬한 여인이 다이빙가이드, 옆이 필자, 당시 부회장님과 전무 이병두씨, 트럭 위에 수중세계 편집인 이선명, 김지현 교수가 보인다.

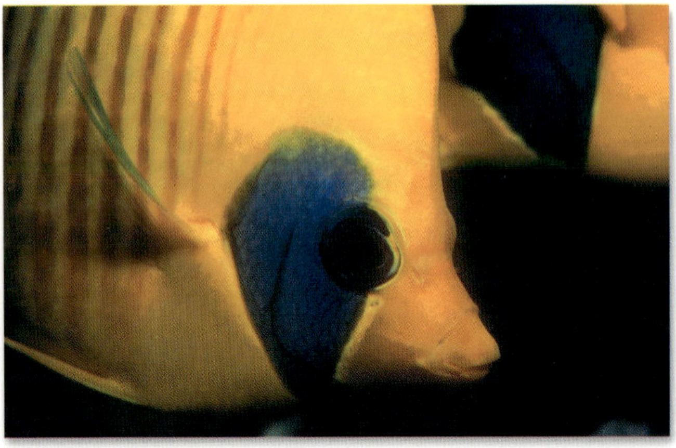

▶ 이집트 홍해에서 촬영한 Dr. Chang 수중사진. Gallery CD의 표지 모델

아저씨로서

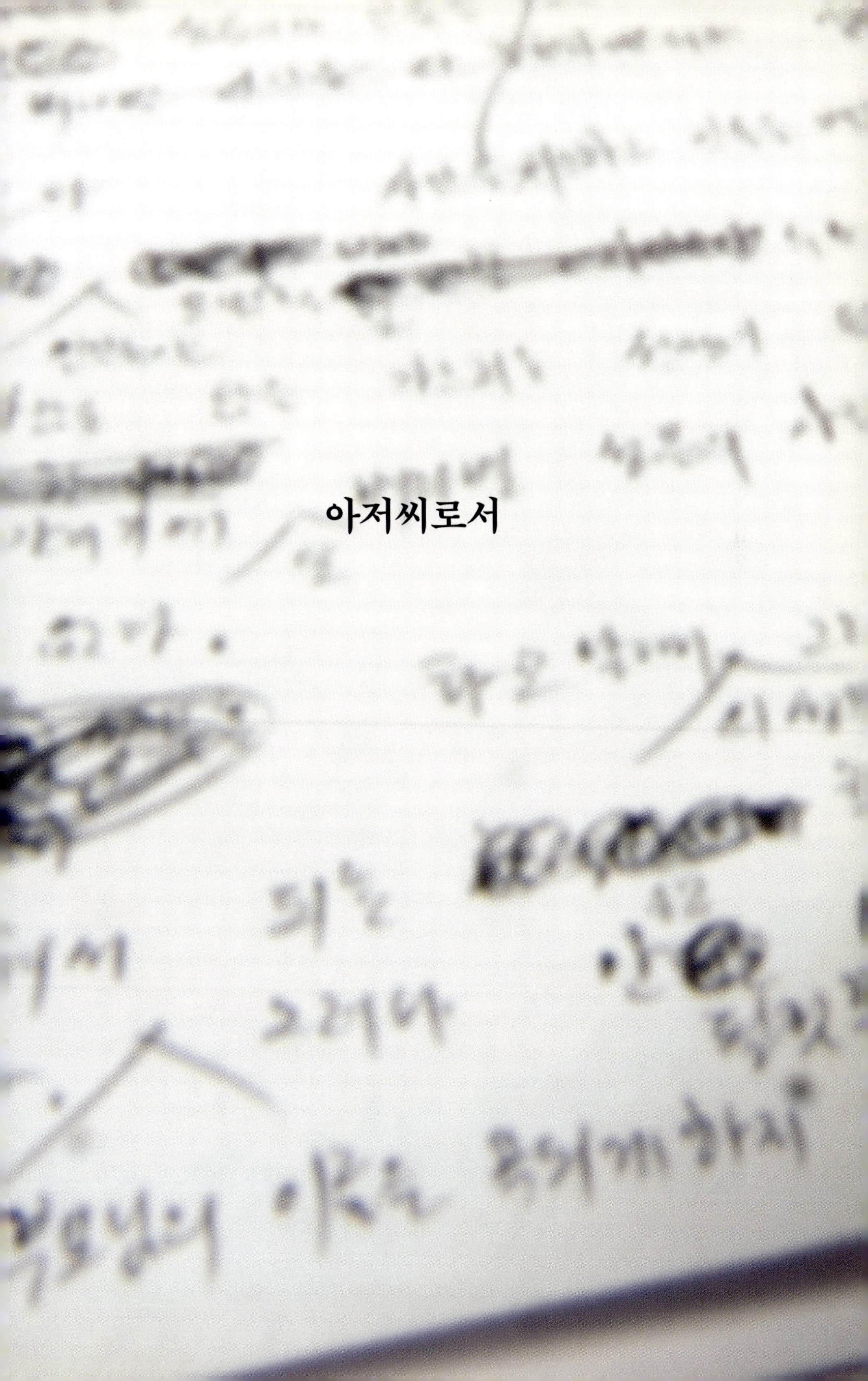

아저씨로서

요새 젊은 것들 하고는?

물론 젊은 사람들이 모두 다 그런 것은 아니며 정말 예의 바르고 멋있는 사람들도 많다. 그러나 부모님에게 과보호를 받고 자란 20~30대 중 문제아가 꽤 있다.

스키를 하나 새로 구입해서 급한 마음에 바로 야간 스키를 타러 갔다. 사람이 전혀 없었는데 그 넓은 슬로프에서 혼자 내려오다 갑자기 "꽝" 하는 소리에 나동그라졌다. 나를 받은 친구가 저 밑에 굴러 떨어져 있었다. 20대 중반 정도 되어 보였다. 그런데 중얼중얼 거리지 않는가. 그래서 "왜 그러시오?" 물어봤더니 "스키를 뒤를 보면서 타야지요?" 하는 것이다. 어이가 없어서... "이것 봐. 나는 스키를 30년 정도 탔는데 지금까지 뒤를 보고 타라는 사람은 당신이 처음이야." 했더니 왜 반말이냐고 시비다. 그래서 "서로 다치지 않았으면 되니까 그냥 갑시다. 죄송합니다." 하고 다시 스키를 탔다. 한

나는 대학에 있을 때부터 약 12년 동안 대명 비발디파크 스

키장에서 요청을 받아 그곳 의무실에 의사를 파견하였다. 그래서 그곳 회장님께서 "고문" 칭호를 주셔서 겨울만 되면 점검차 스키를 즐기러 가곤 한다.

▶ 대명 비발디파크 스키장 야경

친구와 근무를 마치고 토요일 늦게 스키장으로 가서 차를 세우려고 하는데 의무실을 봐 줘야 하기 때문에 의무실 앞 앰뷸란스 주차장으로 향했다. 의무실 앞은 항상 앰뷸란스하고 의사들의 차를 세울 공간을 확보하고 있다.

30대 중반 남자가 앰뷸란스용 주차장에서 뒤 트렁크를 열고 정리중이었다. 그래서 내려가지고 "나가실 겁니까?" 하고 물어봤더니 나간다고 해서 뒤에서 기다렸다. 한 10분이 지나도 나가지 않아서 내려서 봤더니 고글을 여유 있게 닦고 있는 것이 아닌가. "이것 보시오. 여기는 앰뷸란스용 자리인데 어떻게 세웠고, 또 고글 닦는 것은 저기 넓은 데로 뺀 다음에 해도 되지 않겠소?" 했더니 "당신이 누군데 그러냐?" 해서 "나 여기 고문이고, 스키장 환자를 봐 주는 의사인데 그 자리는 앰뷸란스용이요." 했더니 명함을 보여 달라는 것이다. 그래서 명함을 내주었더니 보는둥 마는둥 하더니 자기 지갑을 펼치면서 나에게 보라고 팔을 쭉 내밀면서 들여보이는데 경찰 신분증이 아닌가? 끓어오르는 분노를 참을 수가 없어서 "이봐, 당신이 경찰이면 경찰이지, 아니 경찰이면 외려 모범이 돼야지. 이런 싸가지 없는 놈이 어디 있어? 여기서 10초 내에 차를 빼지 않으면 어떤 수를 써서라도 네 모가지를 잘라 버릴 테니 당장 꺼져." 했더니 10초만에 도망가 버렸다. 경찰의 명예를 더럽히는 387세대(?).

나중에 조수석에서 보던 친구가 왜 그러냐고 해서 이야기를 해주었더니 경찰 패찰을 보여주는 것을 스키장 직원 신분증을 보여주는 것으로 알았다나?

한번은 스키장 앰뷸란스 자리에 또 일반 손님이 차를 세우려고 하고 있었다. 내가 나가서 "여기는 앰뷸란스 자리이니 다른 곳에 세워 주십시오." 했더니 그냥 세운다.

실랑이 하기도 싫고 해서 5m 정도 떨어진 바로 맞은편에 삐뚤게 세운 앰뷸란스를 바로 세워서 특별히 거기다 세우게 했다. 차를 주차하더니 그 사람 부인과 초등학교 애 둘이 있었는데 스키 타러 가지를 않는 것이다. 그러면서 나에게 하는 말 "내가 지금 뺀 자리에 앰뷸란스 들어가는 것 보고 가야 되겠다."는 것이다. 차를 조금 움직이게 한 게 기분이 나빴던 모양이다. 애들은 빨리 스키 타러 가자고 보채고 있는데 하도 기가 막혀서 "이 스키장에서 가장 좋은 자리에 주차를 시켜드렸는데 뭐가 불만이시냐? 빨리 애들하고 스키나 타러 가시라."고 했더니 죽어도 확인하고 가야 하겠다는 것이다. 그래서 "그래, X놈아, 볼테면 봐라." 하고 의무실에 들어와 버렸다. 상대를 하지 않으니까 자기 애들 데리고 바로 스키장으로 들어가 버렸다. 어떻게 그 와이프도 똑같은지? 역시 끼리끼리 노는구나 하고 생각했다.

하루는 반포대교를 건너고 있는데 갑자기 뒷차가 내 차를 추월하면서 조수석에 있는 30대 중반 정도의 여자(379세대)가 나에게 가운데 손가락을 들이대며 입모양을 보니까 별의별 욕을 다하는 것 같았다. 이상하다, 나는 잘못한 게 없는데 왜 이렇게 진로 방해까지 하면서 욕을 하는 것일까... 쫓아가서 서초경찰서 앞에서 차를 세우게 했다. 조수석 여자가 내려서 나에게 오더니 다짜고짜 욕을 하는 것이었다. "아니, 이것 보세요. 나는 나이 50이 넘은 대학교수인데 내가 운전하면서 뭐 나쁜 짓이라도 했습니까? 왜 욕을 하십니까?" 물어봤더니 내가 자기 차에 오물을 뿌렸단다. 그래서 나는 오물을 뿌린 적도 없고 길거리에 쓰레기 버리는 것 제일 싫어하는 사람인데 그럴리가 있냐고 했더니 삿대질을 하면서 흥분을 가라앉히지 못하는 것이다. 가만 생각해보니까 앞이 잘 안 보여서 물을 조금 뿌려서 브러시를 사용했는데 뒷차에 튄 모양이다.

"아마도 유리 세정제일 겁니다. 튀었다면 어디 튀었습니까? 세차비를 드리죠." 하고 나도 찾아봤는데 어디 튀었는지 아무리 찾아봐도 찾을 수가 없었다. 차가 워낙 더러워서... 짓궂게 "어디에요?" 아주 점잖게 또 물어봤다. 그 다음에는 욕이 나와야지. "이것 보시오. 나이도 먹을만치 먹고 점잖은 사람이

애 앞에서 당신보다 나이 많은 나에게 그렇게 쌍욕을 할 수 있소? 곱게 꺼질래? 아니면 경찰서 들어가서 내 명예를 더럽힌 죄로 한번 붙어 볼래?" 그래도 남편은 조금 낫다. "그냥 가자, 가자." 하는 것 보니까. 우째 이런 일이?

아저씨로서

내가 별로 좋아하지 않는 것

- 길거리에 침 뱉는 것
  – 세상에서 가장 무식해 보이고, 마음 같아서는 뒤통수를 밀어서 핥아 먹으라고 하고 싶다.

- 차 창문 열고 운전하면서 담뱃재 털다가 결국에는 길에다 버리는 사람

- 휴대폰 있으면서 전화 안 받는 사람
  – 무엇 때문에 비싼 휴대폰을 샀니? 특히 주말에는 휴대폰을 꺼 놓는 대학병원 교수님들. 나는 24시간 휴대폰을 받고, 웬만하면 환자에게도 전화 번호를 알려준다. 그것이 나를 보호하기도 하고 환자를 안심시키기도 하기 때문이다. 언제든지 주치의와 연락이 된다는 안도감이랄까? 또 연로하신 어머님, 아버님이 계시지 않은가? 갑자기 연락 받아야 할 때 어떻게 할래? 내가 휴대폰 할 때 특별한 이유 없이 꺼 놓거나, 안 받는 사람은 나에게 찍힌다.

• 약속 시간 안 지키는 사람

– 우리는 평안도 사람들이라서 급하다. 아버님은 보통 약속 시간 5분 전에는 미리 가 계시고 성묘를 갈 때도 큰아버님이 길이 막히니까 아침 6시에 산소 앞에 집합하라고 하시면 모든 친척이 칼같이 제시간에 모인다. 우선 배고프니까 각자 싸온 것을 먹고 난 후 큰아버님이 "인사 하자우." 하시면 일렬 횡대로 서서 "묵념" 1분 후 "바로" 하면 즉시 헤어진다.

친척들과 저녁약속 6시 30분에 "어디에 집합하면" 7시면 갈 생각도 안 한다. 30분만에 식사를 다하고 7시 30분이면 "얼굴 봤으니까 됐다우." 하면서 헤어지기 때문이다.

• 모처럼 외국 나갔을 때 외국 음식이 어떤가 먹어봤으면 하는데 함께 간 분이 한국식당만 고집할 때

• 식당에서 큰 소리내며 뛰어노는 아이들을 무작정 방치해 두는 부모

• 나는 술을 좋아하지도 않고 잘 못 하는데 억지로 먹이려고 하는 것. 그러나 나를 잘 못 건드렸다가는 우리 김인 교수님께 전수받은 열무김치를 섞은 칵테일로 상대방이 쓰러질 때까지 "그래 어디 한번 같이 죽어보자." 하고 나부터 마시고 두 바퀴 돌린다.

그 다음부터는 고춧가루 떠다니는 칵테일에 질려서 나한테 억지로 술을 권하지 않는다.

• 골프장 함께 쓰는 욕조 내에서 때미는 사람

• 미국이나 유럽 사람들에게는 꼼짝 못 하면서 착한 동남아시아 사람들에게는 거들먹거리고 낮게 보는 사람
– 6.25전쟁 때 우리를 도우러 참전을 했고 또 우리보다 잘 살던 나라들이다.

• 백화점에서 젊은 애인 선물 사줄 때 종업원이 "따님이 어쩌고 저쩌고 할 때"

• 보이게 머리 굴리는 것
– 내가 눈치 챌 정도면 안 되고 진짜 머리 좋은 사람은 남이 모르게 굴린다.
내가 제자들에게 항상 하는 말 중의 하나가 "학생 때 시험을 볼 때 컨닝을 하면 감독하시는 선생님이 모르시는 것 같지만 내가 시험 감독 들어가 보니까 누가 어떤 방법으로 컨닝하는지 다 알겠더라. 나도 그랬으니까... 위에서 보면 다 보이는데 너희들이 보고 쓰면 얼마나 더 쓰겠니 하고 못 본 척 하는 것이다."
결국 위에서 보면 다 보이지만 모른척 하고 넘어가는 것이다. 그러니 마찬가지로 너희들이 무슨 생각을 가지고 어떻게 한다는 것을 윗분들은 다 아니까 항상 있는 너 자신 그대로만을 솔직하게 다 보여주라고 이야기 한다. 2차 세계대전 때 처칠이 루즈벨트 대통령과 정상 회담을 목욕탕에서 벌거벗고 하면서 "나는 당신에게 더 이상 보여 줄 것이 없다."고 했다고 한다. 참으로 재치있는 훌륭한 정치가였다.

• 말 막하고 거들먹거리는 높으신 공무원과 정치인
– 말 함부로 내뱉지 말아야 한다. 지방 시찰 나가서 "저 건

물이 페인트칠이 벗겨지고 왜 이렇게 낡았나?" 한마디 하면, 지나가는 말이었지만 그 다음날 즉시 그 건물은 새 건물로 단장된다. 알아서 기는 것을 알고나 있는지?

• 의사들 특히 교수들. 있지도 않은 권위를 내세우며 아무한테나 반말하고, 악수할 때 눈을 마주보지 않고 딴짓하는 것

• 조직에서 할만큼 했으면 밑의 사람을 키워주고 양보해야 하는데 물러날 시기를 모르고 자기가 꼭 있어야만 되는 줄 아는 사람. 존경받다가 말년에 욕 먹는다. 나도 그럴까봐 걱정된다. 일찍 그만 둬야지! 물론 교만하고 무례한 사람은 말할 것도 없다.

아저씨로서

운전 중 에피소드

운전을 하다 보면 어쩔 수 없이 피할 수 없는 접촉 사고가 빈번히 일어난다. 이럴 때는 목소리 큰 게 왕이라는 듯이 뒷차를 가지도 못 하게 차를 빼지 않고 대로에서 서로 삿대질을 하면서 목청을 높이고 심지어는 멱살을 잡기도 한다. 이는 나이에 관계가 없는 모양이다.

젊은 사람이 나이 많은 점잖은 분에게 XX욕을 하는 것을 보면 세상이 말세인지 운전대를 잡으면 그렇게 되는 것인지 모르겠다. 하긴 3000년 전 이집트 벽화에서도 요즘 세상 돌아가는 것을 보면 말세라고 했다니까 말이다. 어쨌든 보통 때는 얌전한 사람도 운전대만 잡으면 행동도 거칠어지고 말투도 거세진다. 나도 1972년 대학교 1학년 때 면허를 땄으니 운전 경력이 벌써 30년이 넘었고, 운전하면서 별의별 일을 다 겪었기에 기억나는 재미있는(?) 사건 비화가 있다.

한번은 T자형 골목길에서 회전을 하다 반대쪽에서 회전하는 차와 서로 앞 모퉁이를 부딪혔다. 나도 상대방 차를 못 봤고, 상대방도 나를 못 본 것 같았다. 차를 세워 놓고 내렸더니 상대방도 내렸다.

나이는 나보다 5살은 많아 보였다. 나도 잘못한 것 같아서 상대방이 말을 할 때까지 아무말도 하지 않고 차의 부딪힌 부분만 보고 있었다. 그런데 그 분도 나와 같이 말 한마디 없이 뚫어지게 차만 쳐다보고 있는 것이었다. 5분간 아무말도 안 하더니 "갑시다." 딱 한마디 하는 것이었다.

나도 "그러시죠." 그리고 갈길을 갔다. 서로 쌍방과실이라는 것을 알았다는 뜻일거다.

참 재미있는 분이구나 하고 웃음이 나왔다. 나는 이후부터는 접촉사고 나면 상대방이 말을 할 때까지 기다린다.

이집트 카이로에 학회가 있어서 간 적이 있다. 택시를 탔는데 우리나라 옛날 청계 고가도로 같은 길을 편도 2차선의 중간선을 1대가 밟고 3대가 나란히 가는 것이었다. 참으로 교통질서가 너무 형편 없구나 했는데 갑자기 1차선의 옆의 차가 출구로 빠져나가는 것이었다. 그러니 내가 탄 차가 급브레이크를 밟을 수 밖에... 나는 너무 놀랐는데 내가 탄 차 운전사나 급차선 변경한 운전사나 서로 씩 웃기만 하지 놀래거나 욕하지도 않는 것이었다. 이분들만 그러나 했는데 일주일 머무는 동안 다들 그러는 것이라는 걸 알았다. 우리보다는 못 사는 것 같아도 참으로 여유가 있어 보였다.

여의도성모병원 전임강사 시절 교수님 출근하시기 전에 병원 점검을 위해 일찍 출근을 해야 하기 때문에 새벽에 운전을 하니까 차가 별로 없어서 조금 속도를 냈다. 교차로에서 신호가 파란불일 때 출발을 했는데 중간에 빨간불로 바뀌는 것이었다. 보통은 지나가는 게 통례인데 앞에 지나가던 조그만 트럭이 교차로 중간 조금 지나서 갑자기 멈추는 것이었다. 뒤를 박을 수 밖에... 내 차는 범퍼와 본네트가 다 우그러지고 앞 트럭은 방향지시등이 깨지고 범퍼만 조금 찌그러졌다.

차를 세워 놓고 내려서 앞 트럭 운전기사분께 아니 갑자기 교차로 중간에서 갑자기 정지하시면 어떻게 합니까? 했더니 "중간에 신호가 중간에... 바뀌뀌뀌었잖잖아요?" 하시는 것이었다. 말소리가 영구같이 약간 이상했다.

그래서 내가 "출발한 다음에 신호가 바뀌었다고 교차로 중간에 갑자기 정지하는 사람이 어디 있어요?" 하니까 "어쨌든든 받으면면 안 되되잖아요?"라고 말했다. 순간 영화 더스틴 호프만이 주연한 레인맨이 생각났다.

보행 중 신호가 바뀌니까 차가 빵빵하고 지나가라고 아무리 해도 신호 바뀔 때까지 꼼짝 않고 움직이지 않는 레인맨 말이다. '아! 이 사람이 레인맨이구나' 라고 생각하며 "알았어요. 어쨌든 제가 받았으니까 3만원이면 되겠습니까?" 했더니 "3, 3만원 가가지고 어어떻게 고고쳐요?" 하시는 것이었다. 그래서 그러면 "5만원 드릴께요." 하고 드렸더니 내게 "감사합니다." 하면서 90도 절을 하고 가는 것이었다.

내 차는 견적이 무지하게 나왔지만 생각할 때 마다 웃음이 나왔다.

최근 일이다. 고속도로를 가고 있는데 앞의 차가 계속 팔을 내놓고 담배를 터는 것이다. 담뱃재가 날라오는데 조금 있으면 버릴 것 같다. 차 뽑은지 얼마 안 되는데 잘못하면 내 차 위로 떨어질 판이다. 그래서 100m 이상 거리를 두고 떨어져 갔다. 역시나! 고속도로에 담배 꽁초를 버렸다. 수원쯤 가니까 길이 막혀서 정지했다. 내려서 앞으로 뛰어가서 창문을 두드렸다. 그랬더니 깜짝 놀라면서 문을 내리는 것이다. 고속도로에서 갑자기 누가 창문을 두드리니 놀랄 수 밖에. 30살도 채 안 된 청년들이 타고 있는 것이다.

내가 "이것 보시오. 도로에다 담배 꽁초 버리면 벌금이 얼마인지 아시오? 그리고 뒷사람에게 재가 계속 날라오고 피하다 사고도 날 수 있지 않겠소?" 하면서 나는 무슨무슨 기관에 근무하는 사람인데(사칭했다) 따라오시오 했더니 순진하게 내 뒤를 따라오는 것이었다.

서울 메리어트호텔에서 회의가 있어서 발레파킹을 시키고 따라온 차에게로 갔더니 그 청년들이 하는 이야기가 "선생님, 저희들은 어떻게 할까요?" 하는 것이다.

하도 우습고 귀여워서 장난을 쳤다. "내가 서초경찰서에 이야기 해놨으니까 가서 벌금 내고 가." 했더니 "선생님 한번만 봐주세요." 하는 것이다. 그나마도 요새 보기 어려운 젊은이들이다. 그래서 "이번 한번만 봐줄 테니까 다시는 그러지마라" 했더니 "선생님 감사합니다." 절을 하면서 내빼는 것이다. 이 이야기를 친구들에게 했더니 "너 얻어 맞지 않은 것을 다행으로 생각해라." 하는 것이다. 고등학교 아이들이 길거리에서 담배 피고, 침 뱉고 해도 야단 잘못 쳤다가는 나이에 상관없이 얻어터지기 십상이니까 모른척하고 지나가야 한다는 것이다.

그렇다고 모른척 할 수도 없고 그래도 어른이 교육을 시켜야 되지 않을까? 모든 교육은 가정교육에서 시작되어야 하는데 식당에서도 어린애들이 천방지축으로 뛰어 놀고 소리 질러도 조용히 하라고 이야기 하면 애 엄마가 "왜 우리애 기죽이냐?"고 하는 판이니 어디서부터 손을 대야 하는 것일까? 정말 모른척 하고 내 일만 하면 되나?

아저씨로서

개고기

우리나라 사람들은 몸에 좋다는 것은 다 먹는다. 특히 남자들은 정력에 좋다는 것에 유별나다. 좋게 생각하면 다 마누라를 사랑해주기 위해서이기 때문일 것이다. 여름철에 좋아하는 음식(?)으로 개고기가 있다. 나도 먹긴 하지만 일부러 찾아가진 않고 남이 먹으러 가자면 그냥 먹는다. 복날만 되면 개들의 수난이 시작되고 아마도 가격면에서도 고기 중에서는 제일 비싸지 않나 생각된다.

하루는 북한산에 물놀이 하러 갔다. 옆을 보니까 왠 남자들이 한사람은 손에 큰 가마솥을 들고 또 한사람은 장작, 다른 사람은 가방(아마도 반찬거리), 또 한사람은 황개를 끌고 산을 올라가는 것이다. 별뜻없이 봤는데 한 10분 뒤에 이들이 그대로 내려오는데 다들 고개를 떨구고 솥이나 장작, 가방은 다 있는데 개가 없는 것이다.

속으로 상상이 되면서 웃음이 나왔다. 개를 잡으려다 놓쳤구나, 하고. 10분만에 개를 잡아서 털을 벗기고 다 먹을 수는 없지 않겠나? 그들의 실망스런 눈초리들 하고는...

얼마 전에 미국 CSI(과학수사대) 드라마를 보는데 부자들이 모인 클럽에서 살인 사건이 났다. 이 클럽은 세상에 이상한 음식만을 먹는 클럽이다. 우리나라의 산낙지 먹는 것과 같이 젓가락에 조그만 산낙지를 말아서 먹는 것을 살인에 이용을 한 것이다. 거기서 보니까 전갈튀김, 바퀴벌레, 애벌레, 지네튀김 등 별의별 혐오식품(?)이 다 있었다. 미국에서 우리나라 사람이 개 먹는 것을 보고 무엇이라고 하는데 자기네들은 더한 것 같더라. 뭐 묻은 개가 뭐 묻은 개 욕 한다고 하는 것과 같다.

가족

세상에서 제일 높은 사람, 애 담임 선생님

큰 애가 초등학교 1학년 때 일이다. 처음 입학을 해서 신경은 많이 쓰고 있었는데 그런대로 잘 적응을 했다. 어느날 담임 선생님께 전화가 왔다. 나이가 좀 있는 여자 선생님인데 '이거 애가 무슨 일을 저질렀나?' 깜짝 놀랐다.

"저.. 수범이 아빠시죠?"

"네, 그렇습니다. 안녕하십니까?"

"제가 팔꿈치가 아파서 그런데 도대체 낫지를 않네요."

"병원에 가서 한번 X-선 사진 찍고 진찰을 해보시죠?" 했더니 "근데 시간이 너무 없어서..." 하시는데 어쩔까... "제가 학교로 가겠습니다." 했더니 "그래 주시겠어요? 미안해서 어쩌나, 너무 바빠서..." 병원 갈 시간도 없을 정도로 열심히 우리 자식을 가르쳐 주신다는데 어쩌겠는가. 병원에서 주사기, 약 다 싸가지고 우리 애 수업 끝날 때까지 기다렸다가 팔꿈치에 주사 놔드리고 약 드리고 인사까지 하고 나왔다.

"언제든지 편찮으시면 전화하세요."

아마 무서운 검사나 국회의원들도 자기 애 담임 선생님께는 꼼짝 못 할 것이다.

검사 아들이 있었다. 모든 사람들이 영감님, 영감님 하고 굽신거리니까 자기 아버지가 최고로 높은 사람인줄 알고 있었다.
어느날 담임 선생님께서 가정방문을 오셨는데 이 검사분이 뛰어나가 "선생님 오셨습니까?" 하고 깍듯하게 인사를 드렸다. 이 아이는 "어? 담임 선생님이 우리 아버지보다도 더 높네!" 하고 생각했다.

이것이 산교육이 아닐까? 요사이 선생님께서 애들 손바닥 조금 때리고 야단친다고 학교를 찾아가 난리 블루스 치는 젊은 엄마들, 우리나라를 짊어지고 갈 애들 망칠까봐 겁난다.

가족

내 인생에 있어서 가장 고통스러웠던 시절

나는 애들 엄마와 대학교 1학년 1972년 4월 8일 미팅에서 만났다. 제비뽑기를 해서 같은 번호를 뽑은 것이 인연이 되어 6년 연애끝에 결혼을 해서 애 둘 낳고 17년을 함께 살고, 이혼한 지 벌써 11년이 되었다. 아마도 내 인생에 있어서 제일 힘들었던 시기는 이혼하기 전 3년, 이혼 후 3년 동안인 것 같다.

매일같이 집에 들어가면 뭐가 원인이 됐든 싸우고 중학교 1학년 막내는 침대에서 귀 틀어 막고 울고 있고... 사는 게 사는 것이 아니었다. 병원은 병원대로 정신없이 바쁘고 집에 들어오면 쉴 수가 없고 죽을 맛이었다. 그 당시는 그 사람이나 나나 헤어질 수 밖에 없다고 생각했다. 가정법원에서 협의이혼하는 데는 정말 1분도 안 걸리는 것 같았다.

“서로 다 처리했죠.” 판사가 물어보면 “예.” 하고 도장 꽝꽝 찍으면 끝이다. 그 당시 나는 병원하고 가정밖에는 몰랐다고 생각했는데 그게 그렇지 않았나보다. 나는 잘못이 없었다고 생각했었는데 시간이 가면 갈수록 내가 조금만 더 잘 해 주었으면 가정을 깨뜨리지 않았을텐데 하고 마음이 변한다.

나의 고통 중 가장 괴롭고 무덤까지 평생 안고 가야 할 것은 내가 사랑하는 아이들에게 가장 중요한 사춘기 시절에 부모가 싸우면서 헤어지는 모습을 보여주었다는 것이다. 애들 마음이 얼마나 아팠을까 생각하면 아직도 가슴이 미어진다.

이제 이혼한 지 11년이 되니까 헤어진 애들 엄마하고도 가끔 통화하고 서로 애들 문제 상의도 하고 서로 건강을 걱정해주고 미국에 가면 애들과 함께 식사도 즐겁게 한다.

미국 영화에서 보는 것 같이 다시 함께 살 수는 없지만 마음은 그나마 편해졌다. 이제 애들도 다 커서 하나는 취직을 했고 하나는 군대 마친 후 대학 졸업반이다. 둘 다 일찍 유학을 보내서 미국식 사고방식을 가져서 그런지 "아빠, 이제 장가 가셔야지요." 한다. 그래서 내가 "여자를 사귀고 있는데 좀 어린데, 괜찮을까?" 떠보면 "여자는 어릴수록 좋아요." 한다. 자기네들은 엄마는 엄마대로 아빠는 아빠대로 행복하면 OK라는 것이다.

가족이나 친구들도 만나기만 하면 "더 나이들기 전에 빨리 재혼해야지. 어떻게 혼자 살어?" 하면서 스트레스를 준다. 이제야 내 짐이 조금 덜어졌나? 생각한다. 그러나 내 마음속 깊은 곳에 깔려 있는 근본적인 고통은 아직도 남아 있다.

이제는 좋은 사람과 즐겁고 맛있는 것만 먹고 아름다운 것만 보면서 행복하게 살고 싶다.

가족

수범의 시

우리 큰 놈 수범이가 감수성이 가장 예민한 고등학교 1학년 때 쓴 시들이다. 어렸을 때부터 글을 잘 썼는데 읽어보면 너무 어두운 감정을 표현하고 있다. 아마도 내가 이혼하고 1년 조금 지났을 때니까 그런 것 같다.

읽어보면 내가 자식에게 준 충격이 느껴져 가슴이 미어진다.

「촛불」

추운 겨울, 깊은 밤에
사람들은 어둠 속에 몸을 사리고

난, 내 생명의 불을 태워
어둠을 밝히는 노래를 부른다
그들은 내게 감사하겠지...

잠시후 노래가 끝나고
무대가 다시 어두워 질 때
그들은 비난한다
영원성이 없는 나의 노래를
하지만 난 아무말도 할 수가 없다
내 생명을 태워 부른 노래였기에
노래가 끝나고 이미 난 세상에 없었기에...

1995년 어느날 장수범

「발자욱」

눈이 쌓인 새벽이면
친구들의 움직임을 들을 수 있다.

그것은 하나의 작은 선율이 되어
나를 깨우고

잠시후 침대에서 내려와
창가에 선 내눈에 비치는 것은

이세상 무엇보다 눈부신
새하얀 벌판 위의 아름다운 추상화

1995년 어느날 장수범

「무제」

나의 착각이었을까
너를 처음 보았을 때
넌 뭔가 두려운 듯한 모습으로
그래, 그런 눈을 하고 있었어

나만의 생각이었니
네가 누군가를 필요로 하고 있고
그게 혹시 나 일수도 있고
아니, 나여야만 한다는 것이

너와 함께 했던
조금은 길었던 시간은
미안해 짧은 한마디로
어둡게 끝났어도

난 오늘도
네가 준 어둠 속에
널 닮은 별 하나 띄우고
네 생각을 했어

1996년 2월 장수범

「길 위에서」

난 눈을 감고 있었다.
모두 너무나 커버린 세상의
키를 재고 있을 때
난 아직 거기에 서 있었다.

나의 눈이 가려져 있었다.
아무리 우러러도 미치지 못할 높이에
눈을 뜨기가 두려워
난 아직 거기에 서 있었다.

어디로 가야 할 지, 뭘 해야 하는 건지...
누구도 가르쳐 줄 수 없다고 했다.

결국 나의 완성을 위한 길은
나만이 찾을 수 있으므로
두렵지만, 내 진정 갈 때에도
같은 자리에 머무를 수 없으므로
아주, 아주 조심스런 마음으로
난...
실눈을 떠 흐릿하게 보이는 눈 덮힌 그 길에
하나의 발자욱을 찍었다.

1996년 3월 1일 장수범

「사인 (死因)」

그가 내게 오지 않기에
내가 그를 찾기로 했다.

집에는 더 이상 쉴 곳이 없기 때문에
지친 육체는 걸음을 옮겨 보다 높은 곳으로

세상의 정점에 선
나의 몸을 어머니는 감싸고

눈가에 눈물이 고일 때
나는 하늘을 날았다.

내귀로 시간이 스쳐 지나가
내가 나를 포기한 자유의 극치가

이제는 주위가 고요해지고 어두워짐에
그는 나에게로 다가와

아무말도 없었다.

그는 무엇도 느끼지 않는 듯 했고
나는 몹시 추워져

바람을 피할 구멍을 파고
그 앞에 내 이름을 세우고 들어가 누웠다.

1996년 3월 장수범

가족

기회의 나라 "미국"

큰 애 수범이는 가정적인 문제로 애가 고통스러워 하는 것 같아 중 3때 미국 유학을 보냈는데 고등학교 시절을 너무나도 어렵게 보냈다. 부모 잘 못 만나서 맘고생을 많이 했다. 교수 박봉에 유학비를 간신히 보냈는데 수범이가 고등학교 졸업할 때 기가 찼다. 64명 중 64등 꼴찌를 한 것이다. 그래도 졸업이 어렵고 입학이 쉬운 미국 특성상 근처 대학은 들어갔다. 그곳에서도 1년 동안 계속 F학점이었다. 그리고는 자신이 안 되겠다 싶었는지 원하는 미술대학을 들어가고 싶었는데 점수가 안 되니까 학점을 따기 위해 커뮤니티 칼리지(우리나라의 전문대학 같은 것)로 옮겼다.

이곳에 가서는 정신을 차리고 열심히 공부해서 한 과목만 빼고는 올 A학점을 맞았다. 그러나 본인이 자신 있다고 생각한 컴퓨터 과목이 C학점이 나온 것이다. 점수를 다른 대학 점수와 합산 해보니 올 "A"가 아니면 원하는 미술대학을 들어갈 수가 없었다.

다음주 월요일이 점수 마감이었는데 3일 전 금요일 컴퓨터 선생님을 찾아가서 "나는 A학점이라고 생각하는데 왜 C학점을 주셨는가?" 따졌다. 결국 B학점을 받아냈으나 대학에 입학 접수하러 갔더니 점수가 조금 모자라서 안 된다는 것이다. 수범이가 사정을 했다. "나는 이 대학에 꼭 들어가고 싶고 나 나름대로 정신차리고 공부하지 않았는가?" 접수 창구에서 행정 담당하시는 분이 성적을 보더니 고등학교 때 꼴찌하던 놈이 B학점 하나만 빼고는 올 A를 맞았으니 괜찮다고 생각했는지 "다음 주에 전문대학 교수님의 추천서를 받아오고 에세이를 써오면 너를 위해서 입학이 가능한지 위원회를 열어주겠다." 고 하였다. 결국 미술대학에 입학이 되었다.

나는 수범이도 용하지만 미국은 정말 "기회의 나라"구나 생각을 했다. 애 하나를 위해서 대학에서 입학 위원회를 열어주다니 말이다. 우리나라에서는 꿈도 못 꿀 일이다.

1년 동안 미술대학을 다니더니 자기는 아무래도 멀티미디어 디자인 등 상업미술을 해야 되겠다고 하더니 샌프란시스코 "Academy of Art University"로 옮겼다.

올해 수강한 4과목 다 올 A를 맞았단다. 그 학교에서는 학점이 너무 짜기 때문에 상당히 드문 일이라고 한다. 이번 작품 발표회 때는 교수님이 학생 하나하나가 발표를 하면 "Good job, James!" 하고 칭찬 후 학생들이 박수치는데 수범이가 발표하고 난 직후에는 학생들이 먼저 박수치고 교수가 "You're hired!(자넬 고용하겠네)" 하면서 칭찬을 했다고 한다.

나는 "이놈이 이제 제자리를 찾았구나. 적어도 제 밥벌이는 하겠구나." 생각했다.

제 아들 자랑하는 놈은 뭐라는데. 그래도 자랑스러운 내 아들인데 누가 뭐래?

이제 수범이가 29살 돼서 장가를 보내야 되는데 어디 참한 며느리감 없나?

첫 주례이자 마지막 주례

제자이자 이젠 동료인 채선생이 뒤늦게 결혼하면서 나에게 주례를 부탁해 왔다. 그래서 "내 나이에 무슨 주례니?" 그리고 "더군다나 나는 이혼해서 주례 설 자격조차 없다."고 거절을 했다. 그러나 신부될 분하고 함께 찾아와서 간곡히 부탁을 하길래 수락할 수 밖에 없었다. 결혼식 갈 때마다 느끼는 것인데 주례는 짧게 할수록 좋은 것 같아서 2분 30초로 준비했다.

그랬더니 사회자가 너무 짧다는 것이다. 그래서 말을 느리게 하면 3분이 된다고 했다.

– 주례사 –

"반갑습니다. 하객 여러분

이번이 저의 처음 주례인데 주례를 부탁 받고 아주 당혹스러웠습니다. 아직 젊은데 벌써 주례라니 말이죠. 채군이 마음만은 30대이던 저를 완전 50대로 만들어 버렸습니다. 그러나 제가 제일 아끼고, 믿고, 사랑하는 제자 채군의 결혼식이기 때문에 저에게도 뜻 깊고 의미가 있어서 수락을 하였습니다. 수없이 많은 청중 앞에서 강의도 하고 생방송 TV에도 나왔지만 오늘이 제일 떨리는군요. 하여튼 지금 여기 서있는 신랑 채군과 신부 홍양은 꼭 행복하길 바랍니다.

결혼이란 두 남녀가 한 가정을 이루는 것이지만 실은 신부가 신랑 가족의 일원이 되는 것입니다. 즉 신랑보다는 신부에게 일어나는 변화가 훨씬 크다는 이야기지요. 따라서 신랑 채군은 이렇게 아름다운 신부하고 오래오래 행복하게 살려면 신부가 변화에 잘 적응하도록 세심한 배려와 넓은 포용력을 베풀어야 합니다.

채선생!

신부의 이야기를 하루에 30분 이상 귀담아 들어주세요. 귀찮아 하지 말고! 그러면 행복한 결혼 생활에 도움이 될 것입니다. 여자는 결혼하면서 남자가 변화하기를 기대하지만 99%는 안 변합니다. 남자는 결혼하면서 여자가 신혼 초의 모습으로 남기를 기대하지만 99%가 변합니다. 단점이 없는 사람은 없습니다. 서로 이해하면서 단점을 덮어주고 장점만을 보아야 한다는 이야기입니다. 내가 채군에게 그랬듯이 말입니다.

그리고 특히 채군의 부모님께 감히 부탁 드립니다. 고부간의 갈등에 대한 문제인데 이제 채군은 부모의 품에서 완전히 떠났다고 생각하십시오. 채군의 뒷바라지를 어머니께서는 더 이상 걱정하지 마시고 모든 것을 며느리에게 맡기십시오. 그러면 고부간의 갈등이 없습니다. 제발 부탁 드립니다. 부부가 헤어지는 가장 큰 원인 중의 하나이기 때문입니다.

끝으로 여기 신랑 채군과 신부 홍양이 부디 행복하길! 나보다 더! 그리고 여기 계신 그 누구보다도 더 행복하길 진심으로 바라겠습니다. 감사합니다."

마지막 고부간의 갈등을 이야기 할 때는 신부가 좋아서 웃고 있었고 채선생의 어머님이 고개를 끄덕하시는 것을 보았다. 신혼여행을 다녀온 뒤 집들이를 갔는데 신부가 하는 말이 여자 친구들이 주례 선생이 누구냐고 물어보면서 “선생님이 인기 짱이었어요.” 하는 것이었다.

아마도 우리나라의 고부간의 갈등이 몸에 와 닿아서 그럴 것이다.

내 한 고등학교 친구는 결혼하자마자 아파트에서 부모님을 모시고 살게 됐는데 첫날 아버님께서 어머니가 계신 자리에서 말씀하시길 이제부터 우리집의 원칙을 이야기 하겠다고 하시면서 “내 시중은 며느리가 하지 말고 어머니가 그대로 하고 아들 관리는 어머니는 절대 해서는 안 되고 띵동 초인종이 울렸을 때 확인해 보고 아들이면 문 열어주는 것까지도 며느리가 해야 된다.”고 하셨단다. 고부간의 갈등을 없애기 위한 그 친구 아버님의 지혜라고 생각했다. 니껀 니꺼고 내껀 내꺼다 라는 원칙을 고수해야 한다는 것이다.

여가

여가

골프 이야기

골프를 즐기는데 있어서 가장 중요한 것은 무엇일까? 스코어? 돈따기? 골프장? 캐디? 함께 치는 멤버? 물론 다 중요하지만 사람마다 다를 것이다. 이 중에서 주말 골퍼들에게는 좋은 사람, 혹은 친구와 격없이 이야기하면서 장난치면서 육담하면서 치는 멤버가 가장 중요하지 않을까?

다음은 캐디라고 생각된다. 그날 캐디가 잘 도와주고 재치있게 행동하고 그러고도 이쁘면 금상첨화다. 윗분들을 모시고 갈 때는 미리 캐디 교육을 시켜야 한다. 김○○ 교수님, 유○○ 회장님 등등 이름과 호칭을 불러서 "김○○ 교수님은 저볼인데요. 100야드 남았어요." 하게 하고, "혹시 모르니까 잠정구 쳐보시죠, OB같은데요." 이런 듣기 싫은 말은 절대 삼가하게 해야 한다.

어차피 눈도 잘 안 보이시는데 "아, 아슬아슬하다, 그런데 살은 것 같아요." 하고 뛰어가서 OB밖의 공을 찾아서 안에다 넣어주고 "살았어요, 이건 로컬룰데로 여기서 치셔야 돼요." 하고 볼을 치기 좋은 데다 놓아주면 얼마나 좋아하실까?

티샷을 잘 쳤는데 디봇에 들어가면 그것처럼 실망스런 것이 없다. 캐디가 지나가면서 슬쩍 발로 쳐서 디봇에서 빠져나오게 하면 더욱 재치있어 보인다. 어차피 돈내기도 아니고 일주간의 스트레스 풀고 즐기러 온건데 스트레스 받고 가시게 하면 안 된다. 어차피 쪼로가 나서 공 가는 것이 다 보이면 과감히 "멀리건" 하고 소리쳐야 한다. 그린에서는 조금 떨어져 있더라도 "나이스 퍼팅" 하고 "이거 오케이지요?" 하는 것이 좋은데 조금 과할 수도 있다. 같은 연배 어른께 여쭈어 봐야 된다. "교수님 이런 것은 OK지요?" 하면서 공을 집어 드린다. 우리같이 스코어에 신경 안 쓰고 즐기러 온 사람들은 도전적인 정신으로 해보는 것도 의미가 있으나, 연세 드신 분들은 어려운 라이에서, 혹은 소나무 옆에서 치면 안 된다. 다치기라도 하면 밥벌이가 끊어진다.

시작하기 전에 그날의 법칙을 미리 정해서, 어려운데 떨어졌으면 벌타 없이 한 클럽 이내에서 좋은 자리에 놓고 치게 하는 것이 안전하고 주말을 즐겁게 보낼 수 있는 방법이다. 그러나 친한 친구와 돈내기가 본격적으로 붙었을 때는 어쩔 수 없이 땡소리 날 때까지 쳐야 된다. 얄짤없다.

이렇게 재미있는 골프를 나이가 들어서까지 오래 치려면 고정팀을 만들어야 하는데, 첫째 주말은 동기끼리 한팀, 둘째 주말은 동기 둘에 10년 후배 둘, 셋째 주말은 15~20년 후배 이렇게 3팀만 만들어 놓으면 건강하기만 하면 적어도 늙어 죽기 직전까지 좋아하는 사람들과 골프를 칠 수 있다.

내 아버님이 가장 좋아하시던 운동이 골프였는데 연세가 드시면서 함께 치시던 동기분들이 한분 한분 돌아가시니까 팀을 구성하기가 힘들고 재미도 없어 골프를 끊으셨다. 매일 TV만 보시니까 다리 힘이 없어져서 걷는 것도 힘들어 하신다. 아버님이 골프 멤버만 계속 짤 수만 있었다면 아직까지도 건강하게 골프를 즐기고 계셨을텐데…

그대신 후배들하고 칠 때는 힘이 있을 때 돈도 슬쩍슬쩍 잃어 주고, 밥도 사 주고, 더욱더 신경을 쓰고 잘 해주어야 한다. 그래야 힘이 없어 비거리 안 나갈 때도 불러주지.

▶ 따따블 걸린 퍼팅 : 원광대 심교수가 신중하게 머리를 움직이지 않고 퍼팅을 하고 있는데 우측의 전주 고려병원의 박원장은 속으로는 안 들어가길 바라고 있지 않았을까?

여가

스키 이야기

순천향대 신교수, 서울대 이교수, 그리고 나는 스키광 3총사였다.

겨울만 되면 한 주도 빼놓지 않고 주말이면 셋이 스키장을 가곤 했는데 먹고 사는 게 가르치는 직업인지라 스키 타는 데도 공부하는 태도로 비디오를 찍어서 저녁 때마다 분석하고 토론하면서 서로 자세를 교정 해주고 스키 관련 책을 읽어서 조그만 종이에 요약한 후 코팅을 해서 가지고 다니면서 외우곤 했다.

한번은 이춘기 교수와 미국의 레이크타호라는 유명한 호수 주위 스키장에서 학회기 있어서 함께 갔다.

나보다 고등학교 2년 선배인 이비인후과 선생님이 같은 시기에 다른 곳에서 학회가 있었는데 그곳을 간다 해 놓고 우리와 함께 가고 싶어해서 자기와는 관계가 없는 미국 척추학회에 함께 같이 갔다. 이틀 정도 여유가 있어서 스키를 탔는데 첫날 레슨은 한명의 미국 스키 강사에게 함께 배웠다. 그러나 점심 때부터는 마음이 달라졌다. 서로 타는 것을 보는 것이 자기폼을 버리게 되고 시간도 아깝다고 해서 셋이 헤어져 각자 개인 강습을 받기로 했고 식사 때마다 만나서 서로 배운 것을 교환하였다.

나는 흑인 강사가 가르쳐 주었는데 스키 타고 배우면서 강사가 하는 이야기를 하나하나 메모를 하였다. 스키 강사 하는 말 “내가 10년 동안 스키 강습을 했는데 강습 받으면서 당신같이 적는 사람은 처음 봤다.”고 했다. 개버릇 남주나? 배운 게 그건데! 정말 극성스럽게 스키를 탔다.

▶ 대명 비발디파크 스키장 (2006년 12월 9일)

여가

바다 이야기

▶ 모든 사람들이 좋아하는 Finding Nemo(니모를 찾아서)의 캐릭터, 니모(crown fish). 말미잘 촉수에 둘러싸인 것이 마치 왕관을 쓴 공주와 같다.

이 바다 이야기는 매스컴에서 한동안 시끄럽다가 슬그머니 사라져 버린 도박판의 이야기가 아니고 아름다운 sea, 바다 이야기다.

1984년 군의관 시절 친구의 권유로 스쿠바다이빙을 배우게 되었다. 팬코리아라는 다이빙클럽에 가입을 해서 5일간의 교육을 받고 동해 바다로 처음 다이빙을 갔다(open water라고 함). 매주 목요일 클럽의 모임이 연습겸 수영장에서 있었는데 1년 동안 하루도 빠지지 않았고, 매 주말 다이빙 투어에도 개근하여 망년회 때 공로상까지 받을 정도로 화끈하게 미쳐버렸다.

당시 물고기와 같이 물 속에서 숨을 쉰다는 자체만으로도 스쿠바다이빙은 나를 매료시켰다.

초기에는 주로 동해안 다이빙을 다녔고, 속초에 아침에 가서 다이빙을 하고 저녁 때 온 적도 수없이 많다. 어떻게 생각하면 위험한 운동이기도 해서 1987년에는 나의 안전을 위해 세계수중연맹(CMAS) 산하 한국수중연맹 스쿠바다이빙 강사 교육에 지원을 하였다.

현재 대한수중협회 회장님과 둘이서 우리나라에선 처음으로 강사 교육을 받았다. 강사 번호가 1번일 수 있었으나 토요일, 일요일에만 교육을 받아 8주가 걸렸기 때문에 11번이 되었다. 1986년 5월 제대 후 가톨릭의대 명동성모병원 전임강사로 발령 받아 너무 바빴기 때문에 거의 다이빙을 갈 수가 없었다. 주말이나 휴가라는 것은 꿈도 꿀 수가 없었기 때문이다.

전임강사 3년째, 과장님께서 일주일간 휴가를 주셔서 집사람과 오끼나와에 다이빙 투어를 갔다. 당시에는 열대 바다를 다녀온 분이 거의 없었기 때문에 정보 없이 여기저기 물어서 어렵게 갔다. 처음 물속에 들어가는 순간 한 30m가 깨끗하게 보이는 것이 징그럽고 물이 너무 따뜻하니까 토할 것 같았다. 춥고, 어두운 한국 바닷속만을 알았던 나는 일본인 다이버가 커다란 거북을 잡고 있다가 나에게 넘겨 주어 거북이를 잡고 잠시 유영을 하였는데 그 감동은 정말 충격적이었다.

저녁 때마다 다이버들끼리 모여 가라오케 파티를 하면서 놀았는데 말이 통하지 않아도 그렇게 분위기가 좋을 수가 없었다. 아니 이렇게 아름답고 즐거운 세상이 있는 줄도 모르고 살았다니.... 지금이라도 사람답게 살아야 하겠다. 오끼나와에서 다이빙 환상에 완전히 매료된 나는 돌아오는 비행기 안에서 병원에 사표 낼 결심을 하였다. 돈을 벌어서 3층 건물을 지어 1층은 다이빙스쿨, 2층은 내 개인의원, 3층은 살림집으로 해야지 구상까지 하였다.

그러나 돌아와보니 과장님께서 2년간 미국 아이오와대학에 교환교수로 다녀오라는 것이었다. 와이프한테, 그래! 미국생활 한번 해보고 그만두자고 했다. 그러나 유학을 다녀온 후 다시 코가 껴서 부교수로 진급하면서 병원에 눌러 앉게 되었다. 다시 다이빙 할 여유가 생기면서 수중사진 작가협회에 가입하여 수중사진에 매료되었다. 사진을 찍으면 두고두고 볼 때마다 즐겁고 그 당시의 재미있던 여행 기억들이 되살아나 피곤한 근무 중에도 수중사진만 책상 위에 펼쳐 놓으면 흐뭇한 즐거움이 피곤을 싹 가시게 하였다.

수중사진은 육상사진과는 달리 촬영 순간마다 매 상황이 다르고 똑같은 장면이 두번 있을 수 없다는 사실이 더욱 매력적이다. 촬영시마다 무엇이 달라져도 달라지는 게 물속이다. 따라서 모든 수중사진은 전세계에서 오로지 자기만이 소유하고 있는 유일한 것이기 때문에 '성공적인 순간 포착'의 감동과 쾌감은 무엇과도 바꿀 수가 없다.

허나 그런 좋은 사진을 얻기가 너무 힘들다. 조류 때문에 몸을 고정시키기가 힘들고, 부유물 때문에 쉽게 반사되고 어둡고 빛의 흡수 때문에 스트로브를 써야 색깔이 살므로 노출 맞추기가 여간 어렵지가 않다. 뿐만 아니라 원하는 멋있는 장면이 너무 순간적이고 기다려 주지 않는다. 간신히 짬을 내서 일주일 원정 다이빙 가면 필름 30통 정도를 찍어가지고 오는데 어떤 때는 한장도 못 건질 때도 있다. 맘에 드는 사진 5장 정도 건지면 너무 행복한 것이다.

요사이는 바빠서 1년에 한번 정도 촬영을 위해 해외 원정 다이빙을 가는데 60kg이나 되는 카메라, 다이빙 장비를 들고 가기도 힘들어서 아예 후배가 운영하는 필리핀 리조트에 놔두고 몸만 왔다갔다 한다.

물속에 잠겨 버린 아틀란틱 시티의 환상을 찾기 위해 60kg 장비를 들고 덴마크 학회에서 발표 후, 그리스까지 와서 그 곳 학회가 끝난 후 짬을 내서 에게해 바다를 하루 종일 헤매고 다닌 열정이 있을 때도 있었다. 부피는 별로 나가지 않아서 핸드캐리 하다가 억울하게도 마지막 돌아오는 길에 독일 프랑크후르트 공항에서 400마르크 오버 차지를 냈다.

이 책 뒤에 첨부된 DVD는 내가 20년 동안 직접 촬영한 수중사진으로 나에게는 정말 한장한장 소중한 것이며 내가 좋아하는 분들과 아름다움을 공유하기 위한 것이다.

어떤 것은 아름답고, 어떤 것은 신기하고, 또 어떤 것은 징그럽고, 어떤 것은 재미있다.

사진 얘기가 나와서 말인데, 우리집에는 사진이 80년 이상된 사진도 있다. 우리 외할아버지가 멋쟁이라서 우리 어머니가 현재 79세인데 3살 때 내 증조할머니 무릎에 앉아서 찍은 사진이 있고, 내 증조할머니가 처녀 때 평양 전통 결혼식에서 들러리 서는 사진도 있다.

▶ 가운데 멋쟁이 신사분이 내 외할아버지이시고 좌측이 외할머니, 가운데가 84세 되신 큰외삼촌, 오른쪽이 세살된 우리 어머니를 안고 계신 증조 외할머니이시다. 종이만 76년된 사진이다.

▶ 위의 사진 촬영 75년 후.
좌측은 작년 해운대에서 78세 어머님과 82세 아버님 사진이다. 우측은 해군 군의관 시절의 내 아버지 사진으로 초대 대한피부과학회 이사장이셨다.

▶ 평양 전통결혼식 사진.
오른쪽 끝에서 두번째 분이 48년 전에 돌아가신 내 외할머니 새색시 때 모습으로 가운데 분의 들러리를 서고 계신 80년이 넘은 사진이다.

▶ 어딜 가나 사진기를 항상 들고 다니는 필자

▶ 좌측부터 차례대로 52년 전 내 돌사진, 28년 전 첫째 수범이 돌사진, 마지막이 23년 전 둘째 수혁이 돌사진이다.

우리 어머니는 사진이 정말 중요하다고 생각했기 때문에 6.25전쟁 피난 갈 때 사진첩만 가지고 가셨다고 했다. 내가 사진을 좋아하는 것은 아마도 어머니의 피를 받은 것 같다.

다이빙 안 해 보신 분들이 나에게 항상 하는 공통적인 질문이 있다. "어느 바다가 가장 아름다운가?" 인데, 나는 "가는 곳마다 서로 다른 아름다움을 가지고 있다."고 이야기 한다. 국내는 국내대로, 동남아시아는 동남아시아대로 캐리비안은 캐리비안대로 그야말로 다른 아름다움을 가지고 있다.

스쿠바다이빙은 위험하긴 하지만 수칙만 지키면 그리 위험하지 않다. 우리 클럽은 우리나라에서 제일 큰 다이빙 클럽 중의 하나인데 20년 동안 아직 사고가 한 건도 없었으니까 말이다.

얼마 전에 동남아시아에 엄청난 쓰나미가 덮쳤을 때 스쿠바다이버들은 다 살았다. 그들은 갑자기 바다가 흔들리고 쓰레기가 들어와서 "어떤 무식한 놈들이 이 아름다운 바다에 쓰레기를 버리나." 생각하고 물속에 들어갔다가 물 밖으로 나와 보니 호텔이니 도시가 폐허가 되었다고 한다.

▶ 쓰나미 직전. 평화롭고 아름다운 해안

▶ 쓰나미가 해안으로 밀어 닥칠 때

▶ 쓰나미 후. 그리곤 아무것도 남지 않았다

그리고, 아무말도 없었다…

2일 뒤늦게 공개된 지진·해일 피해 현장의 연속사진은 자연재해 위력을 그대로 보여준다. 지난해 12월 26일 오전 태국 푸껫의 체디 리조트 직원들이 여느 때와 마찬가지로 바쁘게 움직이고 있다(맨위). 갑자기 밀려든 해일은 엄청난 속도와 파괴력으로 '리조트 천국' 단숨에 집어삼켰다(가운데). 순식간에 지붕만 남긴채 리조트는 흔적도 없이 사라졌다(아래). 푸껫 | AP연합

▶ 쓰나미가 덮쳤을 때 어느 신문 기사

나는 친구들에게 다이빙 하라고 권유는 안 하지만 "너는 세상의 반쪽밖에 보지 못하고 가는 것이다."라고 이야기는 한다. 바닷속은 계속 변하고 육지와는 완전히 다른 세계가 존재한다. 우주는 가기가 정말 힘들지만, 바다는 약 5일간의 교육으로 가능하기 때문에 놓치고 사는 것이 더욱 아까운 것이다.

▶ 내가 주로 사용하는 니콘4 수중카메라 하우징과 스트로브

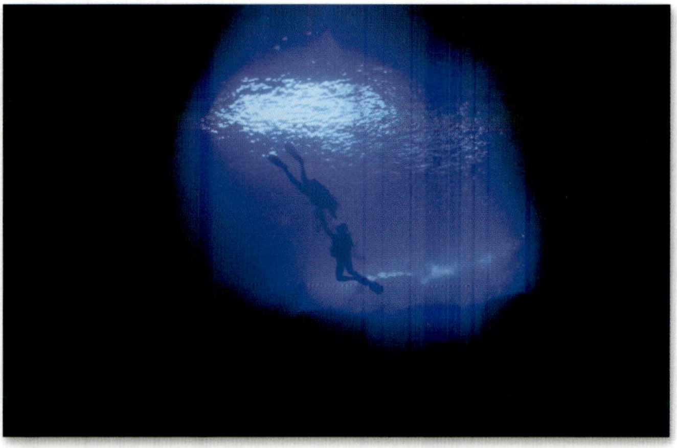

▶ 내가 좋아하는 사진 중의 하나. 사이판의 바닷속 구로토 동굴에서 찍은 사진으로 랑데뷰라고 제목을 붙였다.

▶ 다이빙이 좀 지루했는지 물속에서까지 플레이보이지를 보고 있는 한 다이버

여가

아틀란틱 시티의 환상을 찾아서

그리스에서 유럽 경추학회가 있었다. 며칠간 여유가 있어서 그동안 꿈에 그리던 007영화를 보면 나오는, 신전의 기둥 사이로 스쿠바다이빙을 하는 곳이 그리스라면 있지나 않을까 해서 그곳 다이빙 숍에 전화를 했더니, 있다는 것이었다.

30kg이 넘는 사진기를 오버 차지 물을까봐 핸드캐리 했다. 아테네에 저녁에 도착해서 다음날 커튼을 여는 순간 깜짝 놀란게 저 멀리 언덕 위에 역사책에서나 보았던 파르테논 신전이 옆집 아파트 건물처럼 우뚝 서 있는 것이 아닌가. 참 신기했다.

왠지 파르테논 신전 같은 것은 이렇게 호텔방 커튼을 젖히고 볼 수 있어서는 안 되고 어딘가에 안 보이는 곳에 멀리 있어야만 될 것 같았다.

학회 발표를 마친 후 대망의 다이빙 계획을 세웠다.

사라진 아틀란틱 시티를 물속에서 발견해서, 파르테논 신전 같이 커다란 기둥들이 물속에 우뚝우뚝 서 있고 정교한 조각들이 빠져 있는 물속을 누빈다고 생각한다면 그 어찌 다른 일을 할 수 있겠는가.

유적 탐사 다이빙!

가이드에게서 연락이 왔다. 내가 원하는 곳이 있고 비행기를 1시간 정도 타고 가야 하고 물에 빠진 유물을 보호하기 위해 공기 탱크는 못 쓴다는 것이었다. 할 수 없지 어쩌나, 스킨다이빙으로 찍을 수 밖에.

다음날 새벽 4시에 준비해서 1시간 비행해서 산토리니 섬에 도착했다. 새까만 절벽의 하얀 건축물들과 코발트 빛의 돔, 그리고 아름다운 에게해가 눈앞에 펼쳐졌다.

항구에서 조그만 배를 전세 내서 에게해 항해를 시작했다.

▶ 에게해를 항해하면서, 잠깐 양해를 구해서 운전대를 잡았다.

▶ 에게해의 신비로운 색의 돌섬

푸른 에게해는 구름한점 없는 하늘과 맞닿아 있었고 배가 나아가는 양 옆으로는 기암 절벽과 신비로운 색깔의 돌섬들이 솟아 있었는데 금방이라도 물속에서 바다의 신 포세이돈이 뛰쳐 나올 것만 같은 그런 장엄하고 신화적인 분위기를 만들어 주었다.

▶ 그리스 박물관의 장엄한 포세이돈 동상

선장이 이곳이라고 해서 카메라 장비를 챙겨 물에 뛰어들었는데, 아니? 눈 싸집고 봐도 물속에는 잡초하고 모래밖에는 없지 않은가?

올라가서 따졌더니 자기가 착각했나 보다 하고 다시 20분을 더 가더니 여기가 맞는 것 같다고 해서 또 들어갔는데 헛탕! 몇 시간을 헤매고 다녔더니 꿈에 그리던 그 신전들이 잠겨있을 바다는 결코 아니다는 생각이 확실해졌다. 에라~ 돌아가자. 배 타고 더 이상 헤매고 다니느니 아틀란틱 시티는 꿈에 본 걸로 만족하고 산토리니로 돌아가 그 로맨틱한 절벽 카페에서 분위기나 즐기며 술이나 한잔하자 하면서도 얼마나 많은 돈을 투자해서 여길 왔는데, 생각하니 다시금 억울해지기 시작했다.

대망의 다이빙은 이렇게 허무하게 끝나고 아테네 시티 투어를 했다. 관광 버스를 타고 시내로 향하는 곳곳에는 고대 유적들이 우뚝우뚝 서 있어 고대와 현대가 공존하고 있는 듯한 착각이 일어났다. 사라진 아틀란틱 시티는 끝내 보지 못했지만 꿈 같은 마을 산토리니 절벽의 하얀 건물과 코발트 빛의 돔, 그 위에 얹힌 십자가가 어우러져 만들어내는 낭만적인 모습은 그야말로 환상적이었다.

여가

흐뭇한 물속 이야기

태국의 푸켓으로 리브어보드 다이빙을 갔을 때 일이다. 노란 잠수함의 P사장과 일행 12명은 어렵게 배를 전세 내어서 고래상어(Whale shark)가 유명한 리셀유록(Richelieu Rock)으로 향하였다. 그야말로 현지 다이빙 가이드가 100%라고 자신 있게 보장하던 고래상어를 있는 포즈 없는 포즈 다 필름에 담고 "이번에는 나도 봤다. 그리고 찍었다."는 흐뭇한 마음으로 돌아오는 길에 환타지 리프(Fantasy reef)라는 곳에 입수를 하였다.

돌아가서 사진 현상 후 결과는 어떨지 몰라도 그동안의 너무나도 흡족한 다이빙 포인트에다 지금까지 사진에 담고 싶었던 많은 것들을 찍을 수 있었기에 별 욕심 없이 얕은 수심에서 감압다이빙을 하면서 빠르게 움직이는 고비(Gobby)에만 열중하고 있었다.

그때 갑자기 빵! 빵! 하는 신호음이 여러 차례 들려 왔다. 무엇이 나타난 것이다. 주위를 살펴보았더니 3m 정도 되는 커다란 만타가오리가 내 앞으로 막 달려오는 것이었다.

야! 이게 왠 떡이냐 하면서 사진을 찍으려고 정신없이 달려

갔다.

그런데 이것이 웬일인가! 만타가오리의 날개(?)에 낚싯줄이 칭칭 감겨 있는 것이 아닌가. 몇몇 낚싯줄은 이미 몸을 파고 들어간 것 같았다. 야 저걸 어쩌나, 하고 있는데 나는 힘이 빠져서 도저히 쫓아갈 수가 없었다.

그러나 짠! 어디에서 나타났나 황금 박쥐! P사장이 불시에 나타나서 죽자고 만타를 쫓아가는 것이었다. 나도 사진을 찍어주려고 쫓아가다 결국은 두 컷트만 찍고 공기가 떨어져서 상승해야 했고 거리가 멀어져서 보고만 있을 수밖에 없었다. 아! 그런데 박정우씨는 온힘을 다해 핀킥을 하더니 기어코 만타 등 위에 올라타서 몸에 감겨 있는 낚싯줄을 하나하나 다 풀어주는 것이 아닌가!

가오리 등에 앉아 입을 잡고 있는 것이 마치 알라딘 램프 만화영화에서 사람이 커다란 양탄자를 타고 날아가는 것 같았다. 야! 저걸 찍었어야 하는데 하고 아쉬워하면서 정말로 흐뭇한 광경을 보고만 있었다.

P사장은 조심스럽게 낚싯줄을 다 풀어주고 나서 만타 몸에서 떨어지더니 만타에게 잘 가라고 손을 흔들었고, 나중에 P사장이 배에 타고 나서 하는 이야기가, 만타가 고맙다고 자기 주위를 몇 번씩 돌면서 갖은 포즈를 다 취해 주었대나 어쨌대나? 그러는 것이다.

그러나 나는 "야! 네가 접사 렌즈를 가지고 들어갔으니까 낚싯줄을 풀어 줄 생각을 했지, 광각 렌즈를 가지고 들어갔으면 사진 찍느라고 정신 없었을걸?" 하면서 약을 올렸다. 이건 농담이고 그도 다이빙을 오래 했고 여유가 있으니까 그 같은 생각을 했을 것이다.

어쨌든 정말 내가 지금까지 보지 못 했던 가장 흐뭇한 아름다운 광경이었고 만타가 얼마나 편할까? 그리고 또 얼마나 고마워할까? 하면서 입가에 미소를 머금으면서 잠을 잘 수 있었다.

▶ 낚싯줄에 온몸이 칭칭 감기고 파고들기까지 한 만타가오리

▶ 낚싯줄을 잡고 만타가오리를 쫓아가는 P사장

여가

내가 사랑하는 섬, 베르데

가톨릭대학교 의과대학에서 17년간의 교수생활을 마치고 대전 선병원 척추센터 소장으로 부임한 지 3년이 되었다. 1972년 가톨릭 의과대학에 입학해서 졸업하고, 의사시험을 보고 인턴, 정형외과 레지던트를 거쳐서 3년간의 군의관 생활을 마치고 다시 1986년 가톨릭 의과대학 정형외과 교수로 들어가 17년간 재직을 했으니 가톨릭의대는 내 평생의 가장 중요한 30년을 보낸 곳이라고 할 수 있다. 어떤 이유든 이곳을 퇴직할 때 나의 고통은 이루 표현할 수가 없었다. 그리고 새로 부임한 생소한 대전 선병원에 가서 척추센터를 설립하기 위해 내 모든 노력을 쏟아야 했는데, 연고지가 없는 타지역에서 보통 힘든 것이 아니었다.

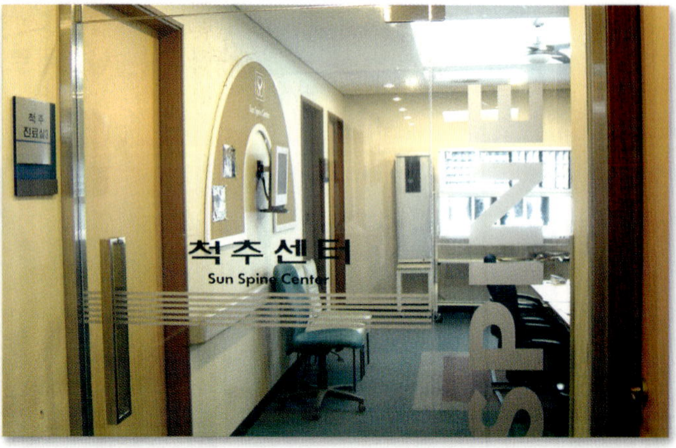

▶ 내가 가톨릭 의과대학 교수직을 그만두고 대전으로 내려가 선병원에 자리를 튼 척추 센터.
고 선호영 회장님과 사모님이 너무 잘 해 주셨고 가톨릭 후배이면서 강남성모병원 정형외과에서 함께 근무한 선두훈 이사장님과 내 제자 채종우 선생과 황진연 선생이 함께 있어서 마음이 든든했다.

▶ 선병원을 창설하신 고 선호영 회장님의 흉상.
회장님은 우리나라 대전 이하 최초의 정형외과 의사로 항상 환자만을 생각하는 훌륭하신 분이었다.

▶ 내 생일날, 든든한 나의 후원자들. 사랑하는 척추 제자들과 함께.

그러던 중 몸이 아프기 시작했다. 내가 정형외과 척추 전문의인데 팔, 다리가 저리고 통증이 발생하기 시작하였는데 얼마나 고민이 되었던지... 새로 부임한 선병원에서 검사하기는 미안하고 해서, 개인 방사선과 의원에 가서 MRI(자기공명영상)를 촬영하여 보았다. 다행히 특별한 이상이 없었다. 그러나 몸이 아픈 것이 거의 3년간 지속되었다. 대학을 떠나면서, 학회에서의 모든 직책을 버리고, 또 모든 교수들이 '이제 장한이는 갔구나.' 할 때 나의 심적 고통은 이만저만 한 것이 아니었다. 그래도 대한정형외과학회, 대한척추외과학회에서는 한가닥한다 하였고, 나는 살아오면서 내가 모든 분야에서 항상 최고라고 자부해왔는데... 선병원에 오고 나서 몇 달 동안 마음고생을 한 후 '이래서는 안 되지.' 하는 생각이 들어 전국 규모의 척추외과 전문의를 위한 강좌를 개최하기 시작했다. 3년 동안에 7번을 개최하였고 이제는 전국에서 선병원 척추센터를 모르는 정형외과 의사는 거의 없다고 자부한다. 여러 대학병원, 혹은 외국에서도 많은 척추전문의들이 내 수술을 참관하기 위해 방문하였고, 환자도 많이 증가하였다. 그리고 학회에서도 모든 지위를 회복하여 대한척추외과학회지 편집위원, 영문학회지 편집위원회 총무, 대전충청지역 심사평가위원회 척추분과 심사위원을 맡게 되었고, 이번에는 대한척수신경연구회 회장에 취임하게 되었다. 이렇게 나의 자리를 찾아가는 동안 아픈 몸도 많이 좋아지고 잊혀졌던 다이빙도 다시 생각나게 되었다. 그렇게 좋아했던 스포츠인데... 한때는 다이빙에 미쳐서 한국 다이빙계에서는 그래도 알아주는 사람이었는데... 모두에게 잊혀질만 할 때 다시 다이빙을 시작해야겠다고 생각하게 된 것이다. 오래간만이라 좀 편안한 곳을 찾고 있던 중 오랫동안 다이빙을 함께 했고 좋아했던 후배 진신씨와 연락이 되었다. 그렇게 하여 나의 오래간만의 첫 다이빙 지역은 진신씨가 운영하고 있는 베르데 섬으로 결정하게 된 것이다.

2004년 6월, 3년 동안 묵혀뒀던 다이빙 장비, 사진 장비를 챙겨들고 필리핀 바탕카스 해변에 도착하였다. 배를 기다리는데 그 감회란 이루 말 할 수가 없었다. 한방울의 눈물이 떨어지는 것이었다. '이제 나는 다시 회복되었구나, 본래의 나를 되찾았구나.' 하고... 베르데 섬에 도착하여 여장을 풀고 카메라를 정비하면서 혹시나 물이 새지 않을까 걱정을 하며 첫날 밤을 지샜다. 다음날 아침 첫 다이빙은 방파제 앞에서, 두 번째는 코랄 가든에서 무사히 마쳤다. 그런데 이게 웬일인가? 파도가 높아지기 시작하더니 저녁부터는 파도가 방파제를 넘어가고 바람이 몰아치는 것이 아닌가. 태풍이 오기 시작했다. 잔잔해지길 기다리면서 불안한 마음으로 둘째 날을 보냈고, 그 다음날 일어나보니 태풍이 더 심해져 다이빙도 못한 채 다이빙샵에서 계속 바다만 바라보며 3일을 보내야 했다. 비행기도 놓치고 이제는 어떻게든 돌아가야만 했다. 환자와의 약속도 있으니까 마냥 태풍이 잔잔해지기를 기다릴 수만은 없었다. 베르데 섬 뒤쪽에는 배를 띄울 수가 있다고 하여 진신씨와 상의한 끝에 밀림산을 넘어가기로 결정을 하였다. 짐은 당나귀에 싣고 비는 오고 길도 없는 질퍽거리는 밀림을 헤치는 강행군을 하여 3시간 만에 반대편에 도착할 수 있었다. 오래간만에 운동을 해서 체력도 좋지 않았던 터라 정말 죽을 맛이었다. 간신히 배를 타고 민도르로 가서 페리호를 타고, 2시간 만에 바탕카스에 가까스로 도착하였다. '이제 육지를 밟았으니 한국으로 돌아갈 수는 있겠구나.' 하는 안도감이 들었다. 지금까지 수없이 외국으로 다이빙을 다녀 보았지만 태풍 때문에 다이빙을 못 해보기는 처음이었다. 고생 직싸도록 하고 집에 돌아오니 생각하면 할수록 억울한 것이었다. 몇 년 만에 다이빙을 시작한 것인데, 그리고 아는 사람은 알겠지만, 한번 몸에 물을 적시면 계속 다이빙을 하고 싶어도 안 하기 시작하면 대부분 장비 정리도 귀찮고 해서 다이빙을 접게 된다. '자! 다시 한번 가야 되겠다.' 생각하던 중 2005년 12월 중순부터 휴가를 받게 되었다. 한달 사이에 주말을 껴서 베르데 섬을 3번 다녀왔다. 베르데 섬에 도착하여 진신씨에게 새로 나온 디지털 카메라와 하우징을 준비해달라고 하여 방파제 앞 제티에서 야간 다이빙을 하였는데 너무나도 아름답고 좋은 사진을 얻게 되었다. 처음 찍어보는 디지털 카메라인데 필름 떨어질 걱정 안 해도 되고 물속에서 잘 나왔는지 확인도 할 수 있어, 그 재미에 시간가는 줄도 모르고 한시간 반이나 물속에 머물러 있었다. 다이빙 가이드 빅조엘이 나중에는 너무 추워서 이제 나가자고 하여 공기가 70bar나 남았는데 할 수 없이 출수하였다. 사진을 노트북에 넣어서 보았는데 너무나도 좋은 사진, 특히 니모를 찾아서(finding Nemo)의 crown fish의 여러 가지 모습을 담을 수가 있었다.

▶ 하얀 점들은 말미잘의 촉수이다. 니모는 말미잘과 공생을 한다. 말미잘은 물고기를 촉수로 기절시켜 잡아먹는데 니모는 잡아먹지 않는다. 어떤 사람이 실험을 했는데, 비누로 깨끗이 니모의 몸을 닦아서 다시 넣었더니 말미잘에게 잡아먹혔다. 그냥 그런가 보다 하지 그런 잔혹한 실험이 필요할까?
니모의 몸을 코팅하고 있는 물질이 말미잘 촉수의 독을 보호해 준다는 것이다.

다음날에는 코랄 가든에서 커다란 fan을 배경으로 광각 촬영도 하였다. 여러 가지 보지 못 했던 누디 브랜치(갯민숭 달팽이)를 발견하였는데 나중에 스쿠버다이버지 김인영 사장님에게 미기록종이 아닌지 물어보는데, 옆의 최부장님이 이미 본 것이라 하여 적잖이 실망을 하였다. 그리고 그 외에도 후악치(Jaw fish)를 촬영하였는데 한참을 구멍 앞에서 기다리다 보니 이 녀석이 몸을 다 드러내는 것이 아닌가? 이게 왠 떡이냐 하고 한컷 찍었더니 그 구멍에서 다른 한 마리가 또 나오는 것이었다.

▶ 후악치(Jaw fish)라고 하는데 부끄럼을 많이 타서 구멍에서 잘 나오지 않는다. 더욱이 한 구멍에 두 마리가 있는 것을 촬영한 것은 아마도 이 사진이 유일할 것으로 생각된다. 이 사진을 찍기 위해 구멍 앞에서 30분을 기다렸다. 이 후악치는 나를 지독한 놈이라고 생각했을 것이다.

이렇게 두 녀석을 촬영하여 좋은 사진을 얻을 수가 있었다. 나중에 풍등 영감님에게 사진을 보여주면서 "이런 Jaw fish 사진 처음 보셨지요?" 하고 물으니 고개를 끄덕끄덕 하면서 "사진 좋네!" 하시길래 "갖고 싶으면 돈 내!" 하면서 한바탕 웃을 수 있었다. 그 기쁨이란 이루 말 할 수가 없었다. 그래서 12월 24일, 크리스마스를 미국에서 유학중인 우리 애들(둘다 내가 다이빙을 가르쳤다)과 베르데 섬에서 함께 보내기로 결정하였다. 아름다운 섬에서 그동안 나누지 못 했었던 이야기를 하며 함께 보내고 싶었다. 내가 찍은 사진을 20장 정도 인화하여 frame을 만들었고 크리스마스 트리를 장식하기 위한 조그만 전구 등 베르데를 꾸미기 위한 장식용품을 한국에서 17상자 가져갔다. 필리핀 세관원이 이것이 도대체 무엇들이냐 하며 세금을 내라고 하였다. 그래서 "이것 보시오! 당신네들 크리스마스를 아름답게 장식해주려고 가져온 것이고 여기에 놓고 갈 것인데 무슨 세금을 내라는 거요?" 하며 부당하다고 하였더니 45달러만 내라고 하는 것이다. 할 수 없이 내고 마닐라 땅을 밟았다. 베르데 섬에 도착해서 짐을 풀고 섬 직원들에게 이러이러하게 장식하라 지시하고 함께 크리스마스 파티를 준비하였다. 크리스마스 이브에 베르데 직원들, 우리 애들과 함께 통돼지 바비큐를 먹고 진신씨의 다이빙 리조트 마루 바닥 위에 올려놓은 바나나 보트에 누워 와인을 마시면서, 빔프로젝터로 마이클 잭슨의 뮤직 DVD, 대부(God father) 영화를 보았는데, 그 분위기가 너무너무 멋있었고 직원들도 영화를 보느라 잠들 줄을 몰랐다. 다음날은 우리 애들과 코랄 가든에서 다이빙을 하면서 아름답고 진귀한 사진들을 찍었다. 저녁에는 야간 다이빙 후에 노래방 기계로 노래를 하며 시간을 보냈다. 오래간만에 느껴본 행복이었다.

옛날 일이 생각났다. 팬코리아 다이빙 클럽에서 다이빙을 시작하여, 이광수씨와 둘이서 이병두씨에게 우리나라에서 처음으로 세계수중연맹(CMAS) 강사 수업을 받고 수중협회 이사로 활동하던 일, 돌아가신 대한수중협회와 대한스키협회 김상겸 회장님, 이병두 부회장님, 이선명씨와 함께 홍해에 가서 세계수중연맹에 참석을 하고 다이빙 했던 일, 돌아올 때 비행기 좌석을 못 받아서 애닳으며 이집트 공항 직원과 싸우던 일, 결국은 우겨서 표 8장을 빼내어 돌아왔지만 정말 황당했었다. 다음 비행기표는 한달 반 뒤라고 했으니 말이다. 진신씨와 김인영 영감님과 라양라양에 가서 함께 사진 찍으면서, 서로 "나는 찍었네, 못 찍었네." 하면서 서로 약올리던 일, 노란 잠수함 박정우씨와 고래상어 찍으러 푸켓 리버 보트 하면서 항해하던

일, 사라진 애틀란틱 시티의 환상을 찾아서 에게해를 헤매고 다닌 일, 모든 것이 주마등처럼 스쳐가는 것이었다.

너무나도 아름답고 행복하게 살았구나, 하면서 말이다.

베르데에서 다이빙을 무사히 마치고 한국에 돌아와서 우연히 2004년 SDD 스쿠바다이빙 클럽 송년 파티에 가서 다이버들과 이야기를 나누었고 풍등 김인영 영감님과 2차로 노래방 가서 술을 한잔 하면서 노래를 불렀는데, 영감님이 랩도 하고 춤도 멋지게 추었다. 속으론 깜짝 놀라고 멋있었지만, 나는 "영감은 손주나 보러 다니고 이제 다 갔어." 하며 놀려댔다. 참고로 풍등 김인영 사장님은 나에겐 경동 고등학교 12년 선배지만, 정신연령이 비슷하기 때문에 맞먹는다.

이제는 내 자신을 되찾았고 다시 다이빙을 시작하게 되었으며, 베르데 섬이 나를 다시 다이빙에 매료되게 하였다. 베르데에서의 추억은 내 인생에 있어서 큰 전환기가 되었다. 늙어서는 아름다운 마음씨를 갖고 있는 정직한 필리핀 사람들과 함께 살고 싶다는 마음이 들었다. 정직하고 선량한 베르데 리조트의 직원들, 자연 그대로의 모습을 고이 간직하고 있는 아름다운 물속, 베르데가 품고 있는 특유의 친근함과 편안함, 이 모든 것이 환경 파괴로 변질되어 버리면 어떻게 하나 걱정이 된다. 정말 베르데는 아름다운 바다를 가지고 있다.

▶ 노란 작은 전구를 한국에서 공수하여 다이빙 리조트에 있는 나무에 크리스마스 트리를 장식하였다.

▶ 밤에 바닷가에서 우리 애들과 바나나 보트에 기대고 누워 와인을 한잔하며 빔 프로젝터로 Michael Jackson DVD를 감상하고 있는 광경이다.

▶ 다이빙 리조트에 있는 나무로, 필리핀에서 사람은 계절을 느낄 수 없지만 이 나무는 계절을 안다. 역시 필리핀에도 사계가 존재한다. 단지 여름이 10개월이고 봄, 가을, 겨울이 2개월 정도일 뿐이다. 그러므로 겨울에는 이 한 나무에 사계가 다 존재한다. 봄의 새순, 여름의 녹색 활엽, 가을 단풍, 겨울 낙엽......

▶ 방파제 앞(제티)에서 밤에 찍은 바다 나리(Clinoid). 동물인데 마치 꽃 같다.

▶ 니모를 계속 사진 찍으면서 괴롭히니까(?) 말미잘 입 속으로 들어가서 눈만 빠끔히 내다보고 눈치 보고 있다.

▶ 섬 꼭대기에서 내려다본 베르데 섬의 앞바다

▶ 필리핀 바탕카스 부둣가의 석양

오늘도 무사히!

오늘도 무사히!

처음 당한 소송

요새는 환자분이 퇴원할 때 촌지나 선물을 주는 것은 바라지도 않는다. 누가 주더라도 기억하지도 않고, 그냥 잘 나아서 나가면 내가 더 고마울 뿐이다.

남자로서 의사는 권장할 만한 좋은 직업이 아니다. 옛날같이 존경 받지도 못하고, 병원측도 백화점같이 환자를 고객인 양 유치하려고 하고 환자도 합병증이 없이 잘 나았더라도 조금이라도 부당한 대우를 받았으면 소비자 고발센터에 고발하려고 한다. 자신들은 고객이니까.

환자를 가족같이 아무리 잘 대해 주려 해도 이미 사회적 환경이 받아들이질 않고, 조금만 문제가 생겨도 시비거리가 된다.

의사생활 28년 동안 한번도 소송을 당해 본 적이 없는데 대전에 내려와서 첫 소송을 당했다. 디스크촬영술이라고 인공디스크 치환술을 하기 전 진단을 위해 디스크 내에 직접 주사를 하는 검사가 있는데, 검사 후 염증이 생겼다.

이 경우 3개월 정도 항생제 투여하고 안정하면 대부분의 염증이 생긴 디스크는 저절로 붙어 버리고 후유증 없이 치유된다. 겉보기엔 아주 점잖은 선생님인데 소송을 해서 무려 수

천만원이나 뺏겼다. 당시 내가 몸이 아파서 잠시 병원을 비웠기 때문에, 환자분과 수술 후 충분히 대화를 못 나눴다. 만일 내가 환자분 곁에 있었으면 충분히 이해시켰으리라고 본다. 이런 일로 의사가 소송을 당하면 의사질 할 사람은 아무도 없을 것이기 때문이다. 우리나라 사람들은 "정" 때문에 대부분 정성스럽게 치료하는 것만 보여주면 "저렇게 열심히 봐 주셨는데..." 하면서 이해한다.

내가 균을 일부러 집어 넣은 것도 아니고... 하도 기가 막히고, 외국에서도 1.5~2% 정도의 염증 발생 빈도가 있기 때문에 항소하라고 했더니, 원무과 직원과 변호사, 보험회사가 항소하면 돈이 더 드니까 병원에서 보험 든 것이 있으니 보험회사에서 물어주는 것이 더 경제적이라고 하는 것이다. 이런 나라에서 어디 의사 해 먹겠나?

주사한 것이 염증생겼다고 고소하다니... 의사라고 무조건 백이면 백, 모든 환자를 다 낫게 할 수가 있겠는가. 특히 시술은 사람 손이 하는 것인데... 나는 합병증은 아랍사람들 같이 환자의 운이라고 생각한다. 안됐고 미안하지만 내가 최선을 다했는데 합병증이 생긴 걸 어떡하나. 나도 잘못된 환자를 볼 때마다 환자보다 더 괴로운데... 정말 한국에서는 더 이상 의사하기가 싫다. 그러나 애들 먹여 살리려면 할 수 밖에...

배운 게 의사질밖에 없으니... 한

나는 1달에 평균 20~30명 정도 수술을 하고, 외래 환자는 일주일에 반나절씩 3번, 한번에 40명 정도를 보고 있다. 아마도 대학에 있는 교수들도 비슷한 숫자일 것이다. 이 많은 환자를 진단하고 수술하는데 오진 없이 100% 다 맞추고 결과도 환자가 만족스럽게 다 될 수는 없는 것이다. 사람이 하는 것이기 때문에 실수도 있고 또 아무리 조심해도 피할 수 없는 합병증도 있는 것이다. 그런데 외국도 크게 다르진 않더라도, 우리나라 사람들은 특히 양의사는 결과가 100%이어야 하고, 얼마나 의사를 믿는지는 몰라도 100명 중 1명만 잘 못 되어도 시달릴데로 시달리고, 심지어는 외래에서 꽹과리 치고, 병원 앞에서 시위하고, 법정까지도 나가야 한다. 한

대부분의 심한 디스크 탈출증의 경우 수술 후 통증은 경감되더라도 탈출이나 신경 압박이 심한 정도에 따라 신경 주위의 염증성 변화와 피할 수 없는 신경 유착 때문에 다리가 저린 경우가 종종 있다. 척추 수술은 100% 다 낫게 할 수는 없는 것이다. 급한 고통을 없애주고 수술 전보다는 조금더 낫게 일상생활을 할 수 있게 해주는 것이 일차적 목표이다. 대부분의 환자들은 설명만 잘 해주면 다 받아들인다.

한 1년 전의 일인가? 한 환자가 디스크 탈출증 수술 후 증상은 거의 완전히 좋아졌으나 수술 후 폐혈전증이 생기면서 호흡 곤란이 생겼다. 이는 어쩔 수 없는, 피할 수도 없는 저절로 생기는 경우로 혈관 계통의 기존 질환이 있거나, 없던 정상인에게도 생긴다.

다행히 3개월 정도 치료로 폐혈전증이 완치가 되어 퇴원을 하였다. 그런데 다리가 저리다고 하고 힘이 약하다고 하면서 이곳 저곳 딴 병원에 다니면서 별의별 설명을 다 들었다. 어떤 의사는 괜찮다. 유착때문이다. 어떤 의사는 재수술 해야 된다.

환자가 혼돈이 안 될 수가 없었다. 그래서 내가 MRI를 다시 찍었다. 내가 보기에는(그래도 나는 20년 동안 척추 수술만 했었는데) 별로 이상 소견이 없었고, 약간의 신경 유착만이 의심이 되었다. 마비도 없고 해서 환자분께 설명을 한 후 약물 투여와 물리치료를 시작하였는데, 나 나름대로 최선을 다했다.

그런데 어느날 이 환자분께서 병원 앞에서 자기몸 앞뒤에 내 이름을 크게 걸어 놓고 나를 마치 수술을 잘 못 해서 자기를 폐인으로 만든 파렴치한인 양 시위를 하는 것이 아닌가? 내가 불러서 이렇게 행동하면 어떻게 하냐, 치료에 불만이 있으면 말을 해야지 하고 타이르고 어쩔 수 없이 생긴 피할 수 없는 유착 때문인 것 같으니 이를 전문적으로 치료하는 의사를 소개해 주겠다고 달래 보냈다. 그 이후 환자는 나에게 잘못했다고 장문의 편지를 보냈었다. 그런데 몇 달 후 우리 병원 원무부장에게 연락이 왔는데 그 쪽 변호사가 환자에게 소송을 하면 병원에서 돈을 받아낼 수 있으니 소송을 하라고 해서 준비를 하고 있다고 한다. 우리나라에는 변호사가 너무 많은 것인가? 아니면 허술한 의사를 상대하기가 제일 쉽다고 생각하는 것일까? 소송하기 전에 합의하려면 얼마를 내라고 한다. 결국 돈이구나! 돈을 내서라도 그 환자의 고통이 없어질 수 있다면 내도 되겠지민 꼭 이렇게 해야만 하는 것일까? 15분이면 끝나는 디스크도 어디 무서워서 해먹겠나? 이런 일이 있고 나면 한동안 정말 환자 보기가 싫어진다. 의사질이 하기 싫어진다. 빨리 전업을 하든지 해야지! 아마도 다른 외과의사들도 나와 같은 생각이 아닐까?

우리나라 사람들은 한국에 태어난 것을 행복하게 생각해야 한다. 좋은 지도자를 만나서 전국민이 보험이 들어 있고 선진국에 비해 손색이 없는 양질의 진료를 받으면서 헐값에 치료받고 잘하면 소송해서 돈도 벌 수 있으니 말이다.

오늘도 무사히!

그래도 희망은 있다

앞의 여러 짜증나는 일들에도 불구하고, 고통 받던 환자들이 내 손을 거쳐서 잘 나으면 보람을 느끼고 "감사합니다." 말만이라도 인사를 하고 퇴원하면, 그래도 의사하길 잘 했구나 하는 생각이 든다. 배운 것이 의사질이니 존경을 못 받더라도 내 만족에 계속 하는 수밖에... 애도 키워야 하고 밥도 먹어야 되니까.

내가 환자를 백퍼센트 다 낫게 할수만 있으면 좋겠지만, 신이 아닌 이상 불가능하기에 하루하루가 불안하다. 수술 후 환자분의 팔, 다리가 잘 움직여주면 고맙고, 회진 때 환자 표정이 밝으면 "아이고, 좋아지신 모양이구나." 하고 안심이 된다.

나는 교회를 잘 나가지는 않지만 마음속으로 항상 하느님께 기도를 드린다.

오늘도 무사히!

내가 환자에게 가장 자주 하는 말

"어디가 불편해서 오셨습니까?"

"목, 허리, 머리까지도 안 아픈 곳이 없는 것 같아요."

"쉬거나, 놀 때는 괜찮으세요?"

"네! 놀 때는 아픈 것 잘 모르겠어요."

"아니 그 정도 안 아픈 사람이 어디 있습니까? 나도 아픈데! 다 조금씩은 아프면서 사는 것 아닙니까? 살다보면 아팠다, 말았다 하는 것이지요."

이렇게 해서 돌려 보내면 80% 이상의 환자가 다 낫는다.

에필로그

글이라고는 학술지 이외에는 써 보지도 못한 사람이 글을 쓰다 보니 두서 없이 이리 갔다 저리 갔다 하고, 표현도 거칠고, 등장하는 인물들에게 혹시나 폐를 끼치지 않았나 생각나기도 하고, 내가 이것을 책으로 만들어야만 되나? 그럴만한 가치가 있는 것일까? 생각을 하게 된다.

때려 칠까? 그냥 일기장으로 남겨 둘까? 고민하다가 혹시 내 후배 의사나 전공의들에게 조금이라도 도움이 되지 않을까? 또 국민들이 “의사”란 직업을 조금더 다른 각도에서 이해할 수 있지 않을까? 하는 생각에서 책을 내기로 결정했다.

읽다 보니까 나 나름대로 노력은 했지만 괜히 내 자랑, 자식 자랑만 한 것은 아닐까?

한편으로는 걱정이 된다. 그러나 이 모든 것은 사실이며 내가 살아오면서 실지 겪었고, 생각했던 부분이다.

그냥 “이런 일도 있구나.” 생각하면서 가벼운 마음으로 읽어 주었길 바란다.

장 한

환자를 위한 음악의 밤

얼마 전에 선병원에서 음악회를 개최했다. 바로 옆에서 테너, 소프라노의 노래를 들으니까 너무 감동적이었다. 그 중 메조소프라노 선생님께서 비제의 까르멘 오페라 중의 하바네라를 불렀는데 멋있었다. 하바네라는 쿠바의 춤곡인데 비제의 오페라에 아리아로 작곡된다.

"까르멘"은 담배 공장에서 일하는 천한 여자인데 근처에 주둔하는 군인 하사관 "돈 호세"를 유혹하는 아리아로 노래하다 장미를 집어 던진다(이 분은 장미 대신 쇼울을 던졌지만).

까르멘은 여자 이름인데 스페인어로 "피빛" 의미를 가진다. 까르멘이 "돈 호세"를 버리고 변신해서 "돈 까멜레오"라는 투우사에게 간다. "돈 호세"가 사랑하는 여인을 잃고 괴로워 "고양이 같은 년!" 부르면 오지 않고 모른척 하면 "다가오는 년" 하면서 "돈 호세"가 까르멘을 원망하기도 하지만 마음의 연민을 주는 여인은 역시 카르멘이다. 그리고 사랑의 절규, 꽃의 노래가 울려 퍼진다. 그 유명한 테너 "꽃의 노래". 그 투우사는 바리톤 역할인데 이것도 유명한 "투우사의 노래"이다.

하지만 환자분들은 역시 마지막 순서의 대중 가수 진미령 씨를 가장 좋아했다.

▶ 하바네라를 열창하는 메조소프라노 선생님

▶ 음악회를 함께 한 환자분들과 병원 식구

▶ 환자들에게는 가장 인기 있었던 가수, 늙을줄을 모르는 진미령씨. 요리 전문가이기 도 하다.

그동안 의사들의 인터넷 사이트인 Medigate(Free board)에 올린 글

1) 2005-03-16 척추 질환에 대한 올바른 이해

동영상이니까 인터넷에서 직접 볼 수 있습니다.

2) 2005-03-31 성공적인 수술을 위해서

저는 척추수술 즉 남의 등쳐 먹고 사는 사람이지만 일반외과건 흉부외과건 다 똑같다고 생각합니다. 성공적인 수술적 치료를 위해선 우선 중요한 것은 적절한 환자의 선택, 즉 적응증이고 둘째는 수술범위(extent of surgery)의 결정, 즉 어디서 얼마만큼 수술을 할 것인지이며, 세째는 수술수기(timing of surgery)의 결정, 즉 언제까지 기다릴 것인가, 그리고 마지막으로 수술실기(mastery of surgical skill)입니다. 저는 그렇게 늙진 않았지만 나이는 먹을만큼 먹었고 교수생활도 한 17년 정도 했고 해서 느낀바인데 요새 surgeon들이 수술적 결정을 내리는 것을 보면 조금 성급하지 않나 생각이 됩니다. 수술의 결정은 대부분 의사가 내리는 것이 아니라 환자가 내리는 것입니다. 너무 아파서

못 견딜 때, 즉 진통제나 물리치료 등 여러가지 보존적인 치료로 좋아지지 않을 때, 일상생활에 너무 지장이 많을 때 환자가 '이거 안 하면 안 되겠구나.' 할 때 결정을 하는 것이고 안 아프더라도 마비가 있다던지, 기능에 지장이 있다고 생각될 때만 의사의 판단으로 수술을 결정해야 합니다. 시건방진 얘기 같지만 이것이 원칙입니다.

3) 2005-03-31 머피의 법칙

첫째, Every solution breeds new problem.

모든 해결책은 새로운 문제점을 야기한다. New systems generate new problems. 즉, 새로운 기계나 시술은 모든 것을 해결한 것 같아도 또 새로운 문제점을 일으킵니다. 예를들면, 레이저, 내시경적 시술, 인공디스크 치환술 등이 모든 척추질환을 해결한 것 같지만 또다른 많은 문제점을 일으킨다는 것을 알고 계셔야 합니다.

Anything labeled new or improved isn't necessarily better.

둘째, If the patient is your family, what will you do?

당신 가족이라면 과연 새로운 시술을 하시겠습니까? 만약 한다면 괜찮은 것입니다.

셋째, You may not be as good as you think you are. Don't be arrogant.

당신이 아무리 똑똑하고 수술 잘 하는 것 같아도 당신이 생각하는 것 만큼 당신은 훌륭하지 않습니다. 교만하지 마십시오.

넷째, 모든 일을 행하는 데 있어서 성공률이 50%이면, 실패율은 75%입니다.

그러므로 수술을 결정할 때에는 자신이 생각하는 확신과 성공률이 90% 이상이 되어야 시행하는 것입니다.

Nothing is as easy as it looks.

4) 2005-04-04 독도는 우리 땅이다.

저는 1984년부터 스쿠버 다이빙을 시작해서 지금까지 즐기고 있는데 독도의 물속은 섬만큼이나 깨끗하고 아름답습니다. 저희는 그곳에서 아무때나 스쿠버 다이빙을 할 수 있지만 일본 사람들은 지금까지 한번도 독도에 상륙하거나 스쿠버 다이빙을 즐긴 적이 없습니다. 그러면 우리 땅 아닙니까? 왜 자꾸 우리 땅이라고 그래가지고 일본 사람들이 자기네 땅이라고 우기게 만듭니까? 그 사람들도 자기네 땅이 아닌 거 압니다. 근처에도 못오니깐요. 제가 모르지만 이렇게 나가다가 국제 재판소에서 재판을 내리면 일본이 우리나라보다 강국이니까 독도를 뺏기지 않을까 걱정이 태산 같습니다. 그리고 왜 조용하다가 삼일절만 되면 일본 대사관 앞에서 시위를 합니까? 그 사람들은 눈 하나 깜짝 안 합니다. 저는 학회에 갈 때마다 일본 이외에 다른 나라 사람들한테 약간 창피합니다. 그리고 고구려사 왜곡문제도 중국이 의도하는 바를 알아야 할 것 아닙니까? 이왕 국회에서 고구려사 특위를 만들었으면 악착같이 붙어서 우리나라라고, 또 우리나라의 영토라고 해야지 신문에 보니까 국회에서 고구려사 특위를 만든 이후로 한번도 회의를 열지 않았다고 합니다. 그리고 슬며시 들어갔습니다. 또 신문에 보니까 영국의 대영박물관에 한국관이 있는데 "조선은 중국의 속국이었다."라고 설명이 되어 있답니다. 그런데도 한국관을 만드는 데에 우리가 돈을 냈다고 합니다. 얼마나 냈는지는 모르지만! 정치도 모르고 아는 게 별로 없는 의사로서도 뭔가 잘못되지 않았나 생각됩니다. 어쨌든 학회에 가서 이러한 사실을 외국 사람들이 알까봐 두렵습니다.

▶ 대한민국 동쪽 끝의 우리땅 외로운 섬 독도

▶ 독도의 물속 동굴에서 비디오 촬영을 하고 있는 다이빙 동료

한동안 떠들썩 했던 줄기세포

미국의 영웅 슈퍼맨 크리스토퍼 리브는 1995년 불행하게도 하반신 마비가 되었는데 이 유명한 영웅을 고쳐주려고 많은 과학자들이 접근했다(우리나라에서도 H모교수가 마비가 된 유명 연예인을 고쳐서 춤을 다시 출 수 있게 해주겠다고 호언 장담하면서 온갖 방송에 발표한 것과 같이). 그러나 크리스토퍼 리브는 아깝게도 2004년 10월 11일 세상을 떴다. 그의 50세 생일에서 "나에게 기적은 다시 일어서는 것이 아니라, 사랑하는 아내와 하루하루를 함께 하는 것입니다. 사랑하는 사람과 함께 하는 삶은 날마다 기쁨이고 기적입니다."라고 하였다. 고쳐주겠다고 허구한 날 찾아오는 과학자들이 지겨웠던 것이다.

대한척수연구회 회장인 나는 척수 손상으로 인한 마비를 완전히 회복시키는 것이 궁국적인 꿈이다. 이는 비단 나나 환자뿐만 아니라 모든 척추의사들의 희망일 것이다.

그러나 이것이 과연 가능할까? 이 분야의 연구자들은 H모교수 사건으로 의기소침하지 말고 더욱 분발하여야 할 것이다. 다만, 결과도 알기 전에 재활에 열심인 환자들에게 헛된 희망을 먼저 심어주어서는 안 될 것이다.

▶ 영화 “슈퍼맨”의 한 장면

▶ 하반신 마비 후 크리스토퍼 리브 “가족과 함께”
(1952. 9. 25. - 2004. 10. 11.)

은자의 나라(The Hermit Nation), 한국

YBM Si-Sa 민사장님께서 귀한 책을 한권 주셨다. 오랜 세월 끝에 남는 것은 사진 밖에 없고 "사진은 거짓말을 하지 않는다."는 말이 와 닿는 책이다.

1890년에서 1900년초까지 쇄국정책으로 외부와 접촉을 하지 않았기 때문에 "감춰진 나라"라는 의미인 "은자의 왕국" 조선에 외국 기자가 처음 방문하여 사진을 찍어서 내셔널 지오그라피에 실은 것들이다.

1900년초까지만 하더라도 서민층의 여인네들은 젖가슴을 내놓고 다녔다.

▶ 젖가슴을 자랑스럽게 내놓은 조선말 여인

아들을 낳은 여인네들이 자랑스럽게 젖가슴을 내놓고 다녔다는 설, 뜨거운 태양볕 아래에서 말리기 위해 내놓고 다녔다는 설, 윗저고리가 워낙 짧은 한복의 특성상 일할 때 풀어헤치는 게 편했다는 설 등이 있다고 한다.

우리나라가 이랬었구나!

TV 사극 영화의 아름다운 여인의 화려한 옷차림만 봐왔던 나는 상상하기 힘들었다. 남자들의 옷차림도 그렇지만 처음 방문한 외국인의 눈에는 어떻게 비춰졌을까?

“동방예의지국”으로만 아름답게 표현되었을까?

어쨌든 귀한 자료임에는 틀림없다.

▶ 1900초 남자의 복장

▶ 1910년 젊은 처녀의 평상 복장

▶ 선병원 척추센터 전공의, 간호사들과 함께. 다양한 옷차림과 밝은 미소가 옆의 그림과 대조적이다.

❶ 1948년 8월 15일 세종로.
일제의 잔재라고 하여 얼마 전에
부셔버린 구 조선총독부, 중앙청
(이후 박물관으로 바꿨다)이 보인다.

❷ "광화문 제모습 찾기" 복원중

▲ 중앙청이 없어진 후 2007. 1. 1 촬영한 세종로.
인왕산과 청와대는 잘 보이지만 그래도 우리나라의 역사적인 건물 중 하나였는데 조금 섭섭하다. 치욕적인 역사도 우리 역사가 아닐까? 무엇이 옳은 것인지!

❸ 2005년 세종로 세종문화회관 앞 크리스마스 트리, 은자의 나라가 이렇게 화려해졌다.

▶ 1960년 명동의 가톨릭의과대학부속 성모병원 앞.
성모병원은 당시 우리나라에서는 제일 현대적이고 큰 빌딩이었다. 가운데 오토바이 타고 가시는 분이 피부과 주임교수였던 내 아버님이시다. 이 사진을 누가 찍었으며 왜 나에게 있는지 아무도 모른다. 앰뷸란스가 특이하고, 좌측 옆은 코로나 택시, 우측은 명동성당으로 올라가는 사람이 보인다. 화원과 피부과 간판이 보이는데 현재의 명동입구와 비교가 된다.

▶ 2007년 1월 1일 명동성당 계단에서 내려다보며 촬영한 사진.
주위 건물들과 자동차들이 좌측 사진과 비교가 된다.

▶ 2004년 분당의 한 건물. 너무 많은 요란한 간판으로 빈 벽이 보이지 않는다(간판공해).
우리나라도 이제 도시 미관을 생각해야 하지 않을까? 시골길도 도로변에 음식점의 시뻘건 간판으로 더 이상 운치가 나지 않는다.